Die staatsrechtliche Stellung des Herzoglichen Hauses Croy

Von

Dr. Philipp Zorn,
ordentlicher Professor der Rechte, Geheimer Justizrat,
Mitglied des Herrenhauses.

Berlin 1917
J. Guttentag, Verlagsbuchhandlung,
G. m. b. H.

Einleitung.

Das Herzogliche Haus Croy gehört zweifellos zu dem ältesten und vornehmsten Adel Europas.

Mag die Abstammung von den alten ungarischen Königen Fabel sein; die Zugehörigkeit zu dem ältesten spanischen und französischen Adel ist über jeden Zweifel erhaben. Seit dem 12. Jahrhundert hat das Haus eine „glänzende Geschichte“ (Laband), seine Mitglider waren zahlreich Ritter des Goldenen Vließes, Granden von Spanien, Pairs von Frankreich. Die hohe Stellung des Hauses Croy hat ihren äußeren Ausdruck nicht allein im Herzogstitel, sondern insbesondere auch in mehrfachen ehelichen Verbindungen von Töchtern des Hauses mit regierenden Familien der europäischen Staatenwelt bis in die allerneueste Zeit gefunden. Diese Dinge sind historisch feststehend. Und es ist meines Wissens niemals auch nur der mindeste Zweifel darüber erhoben worden, daß die Ehen von Mitgliedern regierender Häuser mit Töchtern des Croy'schen Herzogshauses „ebenbürtig“ sind.

Dagegen hat das Herzogliche Haus Croy dem deutschen Hohen Adel im Sinne des alten deutschen Reichsstaatsrechtes niemals angehört und gehört ihm demnach auch heute nicht an. Zwar sahen wohl die Reichsstände das altberühmte spanisch-französische Haus Croy als ebenbürtig an und dies fand auch in zahlreichen Croy'schen Ehen mit Gliedern des deutschen Hohen Adels Ausdruck; aber diesem Hohen Adel selbst gehörte das Haus, das spanisch-französisch war und nur vereinzelte deutsche Abzweigungen hatte, niemals an. Einen „internationalen Hohen Adel“ gibt es im juristischen Sinne — abgesehen von der allgemein anerkannten Ebenbürtigkeit der regierenden Häuser unter sich — nicht. Nur im alten Deutschen Reiche hatte sich ein Hoher Adel in festen juristischen Begriffen und mit fester juristischer Umgrenzung entwickelt.

Der Begriff und die Voraussetzungen dieses Hohen Adels des alten deutschen Reichsstaatsrechtes stehen, trotz zahloser Streitfragen im einzelnen, heute in Wissenschaft und Rechtsprechung gleichfalls fest. Die juristischen Voraussetzungen dieses Hohen Adels des alten deutschen Reichsstaatsrechtes hat das Herzogliche Haus Croy niemals erfüllt; es gehörte somit dem deutschen Hohen Adel auch niemals an.

Mit dem Untergang des alten Reiches 1806 war die staatliche Grundlage des alten deutschen Hohen Adels dahingefallen. Damit war zugleich der Kreis dieses alten deutschen Hohen Adels abgeschlossen. Keine Macht der Welt war nach diesem Zeitpunkte mehr und ist heute imstande, Hohen Adel im Sinne des alten deutschen Reichsstaatsrechtes zu schaffen oder zu verleihen. Zwar beziehen sich zahlreiche Rechtssätze aus späterer Zeit, Rechtssätze verschiedener Art und Bedeutung, auf diesen Hohen Adel des alten deutschen Reichsstaatsrechtes; aber sie alle haben ihre festgezogene und unüberschreitbare Grenze an dem aus der Natur des ganzen Rechtsinstitutes sich notwendig ergebenden obersten Rechtsgrundsatze: daß nach dem Untergang des alten Reiches keine rechtliche Möglichkeit mehr vorhanden war, neue Familien des alten deutschen Hohen Adels zu schaffen. Alle späteren Rechtssätze konnten sich nur auf die Familien des beim Untergange des Reiches vorhandenen deutschen Hohen Adels beziehen oder konnten, soweit ihr örtlicher Rechtscharakter reichte, gewissen Familien gleiche Rechte verleihen, wie sie den Familien des alten Hohen Adels zukamen, konnten für ihr Rechtsgebiet diese Familien dem alten Hohen Adel gleichstellen. Diese Gleichstellung war rechtlich möglich. Rechtlich unmöglich aber war und ist es, Familien, die dem Hohen Adel des alten

Reichsstaatsrechtes nicht angehört hatten, in den Kreis dieses seit 1806 für alle Zeiten abgeschlossenen deutschen Hohen Adels aufzunehmen. In dieser Rechtslage der Gleichstellung mit dem Hohen Adel befindet sich nach Maßgabe der preußischen Gesetzgebung das Herzogliche Haus Croy.

Zur Begründung der obigen Aufstellungen hatte ich ein Rechtsgutachten ausgearbeitet, das, mit einigen Erweiterungen, im Nachstehenden der Oeffentlichkeit dargeboten wird. Nach meinem Gutachten haben auch die Herren Prof. Rehm-Straßburg und Dr. Kekulé von Stradonitz, denen mein Gutachten vorlag, Rechtsgutachten erstattet, die bereits im Buchhandel erschienen sind, das erstere bei Trübner in Straßburg, das letztere bei Carl Heymann in Berlin. Veranlaßt sind diese Schriften durch die Ehe des dermaligen Hauptes des Hauses Croy, des Herzogs Karl von Croy, mit Miß Nancy Leishman und den gegen die „Ebenbürtigkeit" dieser Ehe erhobenen Protest eines Teiles der Agnaten des Hauses. Der Gothaische Hofkalender hatte diese Ehe in den Jahrgängen 1914 und 1915 als „nicht ebenbürtig" bezeichnet, diesen Zusatz aber im Jahrgang 1916 gestrichen.

I.

Der Begriff des Hohen Adels im Sinne des alten Reichsstaatsrechtes beruht auf den beiden Voraussetzungen:

Selbstregierung in eigenem, reichsunmittelbarem Gebiet und Mitregierung am Reiche oder wie man sich in der staatsrechtlichen Literatur diese Erfordernisse zu bezeichnen gewöhnt hat: Landeshoheit und Reichsstandschaft (s. dazu Eichhorn § 56, Klüber § 262, Zöpfl I § 90 ff., II § 308 ff.). Seit dem 17., jedenfalls seit dem 18. Jahrhundert, herrscht auch über das zweite der genannten Erfordernisse fast lückenlose Übereinstimmung in der Literatur (Heffter S. 9, Bollmann S. 9); die Reichsstandschaft war die „unzweifelhafte Signatur und Spitze des Hohen Adels" (Heffter S. 10, übereinstimmend Kohler S. 100 ff., 137, Göhrum § 73 Zachariä I § 93, Löning, Autonomie S. 88, Löning, Mißheiraten S. 53, Goldschmidt S. 12). Nur einzelne Schriftsteller, besonders Tabor (III, S. 106 ff.), dem ein Urteil des Oberlandesgerichts Hamm vom 7. Oktober 1905 folgt, betrachten die Landeshoheit allein als genügend für die Zugehörigkeit zum Hohen Adel; gegenüber der weit überwiegenden Mehrzahl und Bedeutung der die Reichsstandschaft fordernden Schriftsteller darf die Tabor'sche Ansicht als hinfällig bezeichnet werden (s. Zachariä I, S. 493 N. 5). Sehr richtig sagt Zöpfl II § 308: „Für die Meinung, daß nur Reichsstandschaft die Eigenschaft des Hohen Adels begründe, hat sich von jeher nicht nur die weitaus überwiegende Mehrzahl der Publizisten ausgesprochen, sondern es befinden sich hierunter gerade die ausgezeichnetsten und bewährtesten Männer des Fachs älterer und neuerer Zeit."

Auf die Streitfragen, die über die beiden Erfordernisse im einzelnen bestehen, braucht hier nicht eingegangen zu werden. Der ausgesprochene Rechtsgrundsatz selbst ist sowohl in der Wissenschaft als in der Rechtsprechung feststehend. Seit Pütter darf der Streit hierüber als abgeschlossen betrachtet werden (s. die ausführlichen Nachweisungen bei Göhrum II §§ 65—74).

Auch das deutsche Reichsgericht des neuen Deutschen Reiches hat dies in wiederholten Entscheidungen anerkannt, darauf wird noch zurückzukommen sein (RG. Ziv. S. 18, 204. 26, 136. 32, 148). „Das Haus“ — so stellt das Reichsgericht in einem der einschlägigen Urteile die juristischen Voraussetzungen des Hohen Adels fest — „war bis 1806 im Besitze der Landeshoheit und Reichsstandschaft, es gehörte und gehört daher noch als standesherrliches dem Hohen Adel an.“

Die Landeshoheit bestand in der Regierung über ein reichsunmittelbares Territorium; die Reichsstandschaft bestand in dem Recht auf Sitz und Stimme im Reichstag; von der Streitfrage, ob schon Anerkennung und Aufnahme genügten oder ob wirklicher Eintritt und Ausübung des Rechtes erforderlich war, um der rechtlichen Voraussetzung der Reichsstandschaft zu genügen (s. darüber Heffter S. 16 und die dort angegebene Literatur, Zöpfl, I S. 188ff.) kann für die Erörterung der Rechtsstellung des Hauses Croy gleichfalls abgesehen werden, da für dieses Haus weder das eine noch das andere der Fall war.

Seit dem Untergang des alten Reiches war der Kreis des deutschen Hohen Adels endgültig und für alle Zeiten abgeschlossen. „Mit dem Untergang eines Staates erlischt nicht das von ihm geschaffene Recht,“ bemerkt Rehm II, S. 66. Die Richtigkeit dieses Satzes an sich soll hier nicht untersucht werden. Jedenfalls erlischt mit dem Untergang eines Staates dessen Fähigkeit der Rechtsetzung über seine eigenen Rechtsinstitute. Die Rechtsinstitute des alten Reiches verloren ihren Rechtsbestand, „insoweit sie mit der erloschenen Verfassung des Reichs in unzertrennlicher Verbindung stehen“ (Zachariä 1, S. 163) und blieben nur bestehen, soweit es sich um wohlerworbene Rechte handelte (ebenda 165). Eines dieser Rechtsinstitute war der Hohe Adel des alten Reiches. Zugegeben, daß soweit ein solcher vorhanden war, das vom alten Reich für ihn geschaffene Recht fortdauerte; neue Rechtssätze für die Gesamtheit des Hohen Adels zu schaffen und neue Mitglieder dieses Hohen Adels zu ernennen, war nach dem Untergang des alten Reiches kein Staat der Welt mehr imstande (ebenso Bollmann S. 50, Goldschmidt S. 81); denn das Staatssubjekt, das das Recht des Hohen Adels geschaffen hatte, und dessen Vorhandensein die Voraussetzung für das Recht des Hohen Adels war, war nicht mehr vorhanden; und die Reichsstandschaft, die eine der beiden Voraussetzungen des Hohen Adels, war mit dem Untergang des alten Reiches dahingefallen, konnte also nicht mehr verliehen werden. Das Recht des Hohen Adels konnte zwar fortdauern, ja selbst sich weiterbilden; es wird zu untersuchen sein, unter welchen juristischen Gesichtspunkten diese Fortdauer und diese Weiterbildung standen und stehen; aber dies Recht war nur in sich begründet und abgeschlossen; eine Macht staatlicher Rechtssetzung für den Hohen Adel als Stand, für die Gesamtheit des Hohen Adels gab es nicht mehr. Weder der deutsche Bund noch das deutsche Landesrecht der Einzelstaaten hatten hierzu die staatsrechtliche Möglichkeit (ebenso Bollmann 50f., bes. 51 Nr. 1. „Keine Erklärung der hohen Mächte" kann hohen Adel verleihen, s. Prot. d. Bds. Vers. 1843 S. 482); der deutsche Bund war überhaupt kein staatsrechtliches Rechtssubjekt und die deutschen Einzelstaaten waren staatsrechtliches Rechtssubjekt nur für ihre örtlichen Rechtsgebiete. Die rechtliche Bedeutung der Anordnungen des deutschen Bundes und der Einzelstaaten wird weiterhin noch zu untersuchen sein.

„Die Stellung der Standesherrn als hochadeliges Haus beruht auf der Tatsache, daß dem Hause zur Zeit des alten Reiches Reichsstandschaft zukam" (Rehm II S. 111 und ebenso I S. 549, Loening, Mißheiraten S. 53). Die Verleihung der Adelsrechte des alten Reiches war Prärogative des Kaisers und ein „ausdrücklicher Staatsakt" (Rehm II S. 230). Mit dem Untergang des alten Reiches aber war keine Reichsstandschaft und kein Kaiser des alten Reiches mehr vorhanden, war kein Staatsakt dieses Reiches mehr möglich, war somit keine rechtliche Möglichkeit mehr vorhanden, den Hohen Adel dieses alten Reiches zu „verleihen". Im gleichen Sinne sagt in seiner Rechtsgeschichte Schröder § 69: „Eine Erhebung in den Hohen Adelsstand ist seit der Auflösung des Reiches ausgeschlossen. Sie wäre nur möglich im Wege allgemeiner hausgesetzlicher Rezeption.“ (Auch das Letztere wird man bezweifeln müssen.)

Übereinstimmend bezeichnet Georg Meyer-Anschütz S. 828 den Hohen Adel als „die Gesamtheit der Familien, welchen Reichsstandschaft d. h. Sitz und Stimme auf dem Reichstag zustand“ S. 829 „die standesherrlichen Familien d. h. diejenigen, welche im Deutschen Reiche Reichsstandschaft besaßen“ § 833: Hoher Adel sind „alle diejenigen Häuser, welche im Deutschen Reiche Reichsstandschaft besaßen“, S. 836 f. die Rechte des Hohen Adels haben nur diejenigen, welche „von reichsständischen Geschlechtern abstammen“. Ebenso Schücking S. 50, 624, Bornhak I, 316: Mediatisierte d. h. „mittelbar gewordene Reichsstände“. Und weiter führt Bornhak zutreffend aus § 336: „der Begriff des Hohen Adels ist ein geschichtlich überkommener und kann aus dem heutigen Staatsrecht gar nicht entwickelt werden;“ S. 355 f.: „eine Verleihung des Hohen Adels kann nicht stattfinden. Keine Macht der Erde kann Reichsunmittelbarkeit und Reichsstandschaft in einem nicht mehr bestehenden Staatswesen verleihen; „der Höhe Adel ist demnach ein geschlossener Geburtsstand, in dem niemand auf andere Weise Aufnahme finden kann als durch Geburt oder Heirat. Die Erhebung in den Stand des Hohen Adels mit den sich daran knüpfenden Rechtsfolgen durch den König wäre nicht nur rechtlich unzulässig, sondern geradezu undenkbar.“ Ebenso erklärt Goldschmidt den Stand des Hohen Adels seit 1806 für „abgeschlossen“ und bemerkt dazu mit Recht: „darüber darf eigentlich kein Zweifel bestehen“ (S. 81).

II.

Das Herzogliche Haus Croy gehört nicht zu den Geschlechtern, welche an der älteren deutschen Staats- und Rechtsgeschichte einen erheblichen Anteil haben. Die älteren Beziehungen des Hauses sind weit überwiegend französisch-spanisch. Namen und Titel des Hauses Croy beruhen auf dem älteren französisch-spanischen Rechte; die ersten urkundlichen Nachweisungen sind aus dem Anfang des 13. Jahrhunderts und aus der Picardie. Der Grafentitel beruht auf spanischem Diplom Philipp II. vom 3. November 1590, der Fürstentitel auf spanischem Diplom Karl II. vom 4. November 1677 — für alle Nachkommen aus „rechtsgültiger Ehe" („leal mariage") —, der Herzogtitel auf französischem Diplom vom 16. September 1768, bzw. Patent Ludwig XVI. vom 27. November 1788, für Anne Emanuel Ferdinand François de Croy und „ses enfants et descendants males en ligne directe nés et à naitre en legitime mariage". Eine genaue Untersuchung über diese französisch-spanischen Rechtsakte ist in den auf eingehender Erforschung der Familiengeschichte beruhenden Arbeiten von Kekulé von Stradonitz gegeben (s. jetzt besonders das Ebenbürtigkeitsrecht des Herzoglichen Hauses Croy [Berlin 1916] S. 13—21, 25—28).

Allerdings wurden Angehörige des Hauses Croy viermal durch kaiserliche Diplome in den Reichsfürstenstand erhoben; die Diplome datieren vom 9. April 1486, vom 28. Juni 1510, vom 6. August 1594 und vom 30. März 1664, sie beziehen sich sämtlich auf Seitenverwandte des Hauses. Schon aus der Mehrzahl der Fürstendiplome ergibt sich, daß das Haus Croy als solches niemals in den deutschen Fürstenstand erhoben wurde. Es ist unrichtig, wenn der Gothaer Kalender von 1829 behauptet: „das Haus erhielt 1486 die Reichsfürstenwürde"; auch die Angaben des Gothaer Kalender von 1836 sind unvollständig und ungenau (auch hierüber s. die Untersuchungen von Kekulé von Stradonitz a. a. O. S. 14 ff.).

Eine genaue staatsrechtliche Untersuchung über das Haus Croy ist leider nicht vorhanden; das Beste, was hierüber vorliegt, ist das ausgezeichnete Urteil des Landgerichtes Münster vom 12. Dezember 1903 (Privatdruck), das in wichtigen Punkten Ergänzung und Berichtigung gefunden hat durch die Arbeiten von Kekulé von Stradonitz, aus welchen sich mit zweifelloser Gewißheit ergibt, daß vor 1803 das Haus Croy weder als solches noch in einem einzelnen Zweige in den Hohen Adel des alten Reiches eingetreten ist. Dies darf auch als unbestritten anerkannt behauptet werden.

Die gefürsteten Zweige des Croyschen Hauses sind ausgestorben und damit jede nachwirkende Rechtskraft der Kaiserlichen Diplome erloschen; es steht gleichfalls zweifellos fest, daß die noch heute vorhandenen Zweige des Hauses Croy, daß insbesondere das durch die preußische Gesetzgebung als „standesherrliches" Haus anerkannte Haus Croy-Dülmen nicht von jenen früheren deutschen Reichsfürsten abstammt; es braucht demnach auch die Frage, ob mit jenen Erhebungen in den Fürstenstand die Reichsstandschaft verbunden gewesen sei, nicht mehr erörtert zu werden. Demgemäß zählt auch das Reichs- und Staatshandbuch von 1792 die Croys unter den Reichsständen nicht auf. Für die Feststellung der heutigen Rechtslage des Hauses Croy sind jene sämtlichen älteren Dokumente rechtlicher Zusammenhänge mit dem alten Reiche gegenstandslos.

Die heutige Rechtslage des Hauses Croy-Dülmen beruht vielmehr ausschließlich auf den Vorgängen des Jahres 1803. Durch den Reichsdeputationshauptschluß von 1803 § 3 wurde dem Hause Croy als Entschädigung für verlorene Besitzungen auf dem linken Rheinufer ein Teil der in Westfalen belegenen Herrschaft Dülmen zugewiesen — „dem Herzoge von Croy die Reste des Amtes Dülmen" — und demgemäß führt das Herzogliche Haus in seinem deutschen Zweige seitdem die Bezeichnung Croy-Dülmen. Den Herzogstitel, der nicht auf deutschem, sondern auf spanisch-französischem Recht beruhte, behielt das Haus auch bei Übernahme der Herrschaft Dülmen bei und dieser Herzogstitel ist durch die preußische Gesetzgebung anerkannt und bis zum heutigen Tag nie bestritten worden. Daß mit der Herrschaft Dülmen die Landeshoheit verbunden war, steht gleichfalls zweifellos fest. Damit war die eine der beiden rechtlichen Voraussetzungen des Hohen Adels nach altem Reichsstaatsrecht erfüllt.

Nicht aber war dies der Fall bezüglich der

anderen rechtlichen Voraussetzung: der Reichsstandschaft. Zwar erfolgten alsbald Schritte behufs Aufnahme der Croys in die westfälische Grafenbank; ein Antrag dieses Inhalts — seine Begründung ist gleichgültig — wurde bei der Reichsdeputation in Rastatt eingereicht; die Sache am aber, wie zweifellos feststeht, zu keinem Abschluß. „Reichsstandschaft hat das Haus niemals erlangt." — „Auch wurde (1803) dem Herzog eine Reichstagsstimme nicht zugesichert." (Heffter, S. 341.) Somit war im Jahre 1806 beim Untergang des alten Reiches die zweite notwendige Rechtsvoraussetzung der Zugehörigkeit zum Hohen Adel des alten deutschen Reichsstaatsrechtes bei dem Hause Croy nicht erfüllt (s. auch Kohler, S. 73 N. 6) und es ist demgemäß ein Eintritt dieses Hauses in den Hohen Adel des alten Reiches bis zum Untergang des Reiches nicht erfolgt. Die Behauptung, daß durch die Überweisung der Standesherrschaft Dülmen an das Haus Croy durch den Reichsdeputationshauptschluß von 1803 dem Hause Croy der Hohe Adel „verliehen" worden sei, ist juristisch unhaltbar, denn der Erwerb der Landeshoheit reichte eben für den Eintritt in den Hohen Adel nicht aus.

Im Zeitpunkte des Unterganges des alten Reiches hat die Familie Croy, so hoch und altberühmt auch ihre Stellung im internationalen europäischen Hochadel tatsächlich war, der Rechtsgemeinschaft des Hohen Adels des alten Reiches und des alten Reichsstaatsrechtes nicht angehört.

„Eine Familie, welche nie und nirgends ein reichsständisches Territorium, sondern sogar von jeher lediglich reichsmittelbare Gebiete besessen hatte, war das Herzogliche Haus Croy" (Rehm II S. 101). Und Vollgraff S. 417 bezeichnet die Croys als „simple französische Untertanen", bevor sie die Herrschaft Dülmen erhielten. Wenn somit das Reichsgericht (Entsch. 22, 247) von den „Mitgliedern des vormals reichsunmittelbaren reichsständischen Hauses von Croy" pricht, so ist dies zweifellos unzutreffend und ebenso muß dies gelten von dem Ausspruch des Reichsgerichtes im Urteil vom 20. Juni 1907, daß „die Familie von Croy zu Dülmen zu dem Deutschen Hohen Adel gehört", woraus dann die wichtige Rechtsfolgerung gezogen wird, „daß die Normen des gemeinen deutschen Privatfürstenrechtes gemäß EGBGB. Art. 58 und B. vom 21. Juni 1815 für sie gelten." Darauf wird noch zurückzukommen sein.

Ebenso wie das Reichsgericht zählt auch Kohler S. 73 das Haus Croy im Verzeichnis „der vormals reichsständischen jetzt mittelbar gewordenen Familien" auf; er setzt sich aber dabei in Widerspruch mit seinen S. 100ff. gegebenen Ausführungen über den Begriff des Hohen Adels, den er durch die Sätze kennzeichnet: das wesentliche und entscheidende Merkmal des Hohen Adels in Deutschland war die Reichsstandschaft, und daher so viele Abstufungen dieser Adel hatte, waren alle Mitglieder alter reichsständischer Adel — aller Adel, welcher im Kurfürsten- oder Fürstenkollegium mit Sitz und Stimme saß, ebenbürtig und in allgemeiner Standesgenossenschaft." S. 101: „die Reichsstandschaft ist aber nicht nur das wesentliche und entscheidende Merkmal, sondern auch das alleinige des Hohen Adels, weil nur sie den Rechtsbegriff begründet und alle anderen Erfordernisse voraussetzt und einschließt, daher die Erörterung des Begriffes der Reichsstandschaft zugleich den Begriff des Hohen Adels und seiner Ebenbürtigkeit erörtert." Das „wesentliche und entscheidende", das „alleinige Merkmal" des Hohen Adels fehlte aber beim Hause Croy.

Auch Heffter zählt das Haus Croy unter den „vormals reichsständischen, jetzt subjizierten Häusern des Hohen Deutschen Adels" auf, bemerkt aber S. 341 ausdrücklich selbst: „Reichsstandschaft hat das Haus niemals erlangt"; die Bezeichnung des Hauses Croy als eines „vormals reichsständischen" ist somit ein Selbstwiderspruch Heffters zu seinen S. 10ff. gegebenen Ausführungen, die sich in dem Satze zusammenfassen: „Die Reichsstandschaft war unzweifelhafte Signatur und Spitze des Hohen Adels."

Diese offenbaren Selbstwidersprüche zweier um die Erforschung des Rechtes des Hohen Adels so hochverdienten Schriftsteller sind höchst auffallend und der Umstand, daß diese Schriftsteller, entgegen ihren eigenen grundsätzlichen Ausführungen über den Hohen Adel, das Haus Croy einfach unter den vormals reichsständischen Familien aufzählen, hat es sicher mitverschuldet, daß weder in der Literatur noch in der Rechtsprechung die staatsrechtliche Stellung des Hauses Croy bis zu dem oben erwähnten Urteile des Landgerichtes Münster eine gründliche juristische Prüfung erfahren hat.

Nur dieses Urteil des Landgerichtes Münster vom 12. Dezember 1903 hat in ausgezeichneter Weise den staatsrechtlichen Werdegang des Hauses Croy untersucht. Seine Feststellungen und Ergebnisse sind, abgesehen von einigen Einzelpunkten, durchaus zutreffend, obwohl sie von den höchsten Instanzen — Oberlandesgericht Hamm und Reichsgericht — nicht gebilligt wurden. Eine erneute gründliche Prüfung kann nur zu den vom Landgericht Münster in seinem Urteile vom 12. Dezember 1903 gewonnenen Ergebnissen zurückführen. Wenn Vollmann S. 52 zu dem Hohen Adel außer den souveränen und den vormals reichsständischen Häusern auch „einige altreichsständische schon vor Auflösung des Reiches mittelbar gewordene Häuser" zählt, so gehört das Haus Croy jedenfalls auch zu diesen nicht.

Die Voraussetzung, auf welcher die Entscheidungen des Reichsgerichts beruhen, daß nämlich das Haus Croy dem Hohen Adel des alten Reiches angehört, ist demgemäß nicht zutreffend. Daß dies bis zum Untergange des alten Reiches nicht der Fall war, wurde oben festgestellt. Es ist nunmehr zu prüfen, ob dieser Mangel durch spätere Rechtsakte beseitigt werden konnte. Die Rechtsausführungen des Reichsgerichtes werden noch in einem besonderen Abschnitte zu untersuchen sein.

III.

Mit den Rechtsverhältnissen des deutschen Hohen Adels beschäftigten sich nach dem Untergange des alten Reiches zuerst drei Staatsverträge: die Rheinbundsakte (Art. 27, 28, 31), die Wiener Kongreßakte (Art. 43), die deutsche Bundesakte (Art. 14), weiterhin die Landesgesetzgebung deutscher Einzelstaaten, von denen für die gegenwärtige Untersuchung nur Preußen in Betracht kommt. (S. zum folgenden Zachariä I § 96.)

Gemeinsam ist den genannten Staatsverträgen, wie dies auch in der Bundesakte klar ausgesprochen wird, — „um den im J. 1806 und seitdem mittelbar gewordenen ehemaligen Reichsständen und Reichsangehörigen — einen gleichförmig bleibenden Rechtszustand zu verschaffen" — die Tendenz, dem Hohen Adel des alten Reichsstaatsrechtes eine für ganz Deutschland gleichheitliche Rechtsstellung zu sichern und zugleich wie aus dem Inhalt hervorgeht, diese Rechtsstellung als eine erhöhte gegenüber den übrigen Untertanen zu gestalten. Auch die Anfänge der Landesgesetzgebung sind von dieser Tendenz beherrscht: daß weiterhin die bevorrechtete Stellung dieses Hohen Adels des alten Reichsstaatsrechts mehr und mehr eingeschränkt wurde und die neuere Gesetzgebung der Einzelstaaten von der Tendenz beherrscht ist, die Vorrechte des alten Hohen Adels zu beseitigen und eine Gleichstellung des Hohen Adels mit den übrigen Untertanen herbeizuführen, ist klar ersichtlich; jedoch sind diese Entwicklungstendenzen des Rechtes für die gegenwärtige Untersuchung belanglos (vgl. dazu Rönne, Pr. St.R 5 A. II § 7, IV).

Die Rheinbundsakte — sie stellte Dülmen unter die Herrschaft der Herzöge von Arenberg — darf hier übergangen werden, da sie keinerlei Bedeutung für die heutige Rechtsstellung des Hauses Croy hat.

Die Bundesakte und die Wiener Kongreßakte (Text bei Meyer, Corpus Juris Confoederationis Germanicae I, 254 ff., II 1 ff.) bilden gemäß Art. 118 Ziff. 9 der letzteren, der die erstere als einen rechtlichen Bestandteil der letzteren erklärt, eine juristische Einheit. Die Bundesakte (8. Juni 1815) spricht in ihrem viel erörterten Art. 14 nur die allgemeinen Rechtsgrundsätze über die Stellung des Hohen Adels aus, ohne diesen Rechtsbegriff festzustellen oder die Häuser des Hohen Adels aufzuzählen. Dagegen rechnet die Wiener Kongreßakte (9. Juni 1815) ausdrücklich in Art. 43 die Croys zu den standesherrlichen Familien, und zwar mit den Worten:

„les districts mediatisés suivants, savoir — le duc de Croy — seront placés dans les rélations avec la monarchie Prussienne que la constitution féderative de l'Allemagne règlera pour les territoires mediatisés."

Zwar scheint diese Bestimmung nur eine territoriale, keine persönliche Beziehung zu haben; es wäre aber leere Wortklauberei, hieraus juristische Folgerungen zu ziehen; vielmer muß anerkannt werden, daß die eine juristische Einheit bildenden Staatsverträge der Wiener Kongreßakte und der deutschen Bundesakte Dülmen zu den „mediatisierten" Distrikten und auf dieser Rechtsgrundlage das Haus Croy zu den „mittelbar gewordenen deutschen Reichsständen" des Art. 14 der Bundesakte zählen.

Daß dies juristisch unzutreffend war, da das Haus Croy die Reichsstandschaft niemals besessen hat, wurde oben festgestellt. Es fragt sich aber, ob jene Staatsverträge die rechtliche Kraft besaßen, den angegebenen Mangel zu heilen und eine Rechtsstellung zu schaffen, die nach dem alten Reichsstaatsrecht unzweifelhaft nicht vorhanden war.

Diese Frage muß verneint werden. Die Wiener Kongreß- und die Bundesakte konnten dem Hause Croy eine Rechtsstellung nicht geben die dieses Haus nach dem alten Reichsstaatsrechte nicht hatte. Das Haus Croy war kein mittelbar gewordener deutscher Reichsstand.

Die Bundesakte war bekanntlich der Staatsvertrag, durch welchen die nach der napoleonischen Zerrüttung Deutschlands noch übrig gebliebenen deutschen Staaten sich zu einem „völkerrechtlichen Verein der deutschen souveränen Fürsten und freien Städte" (Wiener Schl.-Akte Art. 1) unter dem Namen „Deutscher Bund" zusammenschlossen und die „Verfassung" dieses Bundes feststellten. Der rechtliche Charakter dieses Bundes als eines Staatenbundes steht außer jedem Zweifel. Demgemäß ist es gleichfalls als durch die Theorie

— G. Meyer-Anschütz S. 381 ff., Anschütz, Kommentar S. 121, Bornhak I S. 318, Goldschmidt S. 27 ff. und unzählige andere — festgestellt und als durch die Praxis anerkannt zu betrachten, daß der Deutsche Bund gemäß seinem Rechtscharakter als Staatenbund nicht unmittelbar verbindliches Recht schaffen, nicht Gesetze geben konnte, sondern nur Beschlüsse zu fassen imstande war, die den Einzelstaaten des Bundes kraft der vertragsmäßigen völkerrechtlichen Einigung der Bundesakte die verbindliche Weisung erteilten, ihren Inhalt durch die Landesgesetzgebung zum Recht zu erheben. Demgemäß fand auch keine amtliche Verkündigung der Bundesbeschlüsse als solcher von Bundes wegen statt. Über die Durchführung seiner Beschlüsse, insonderheit auch des Art. 14 hatte der Bund zu wachen, es war hierüber Rekurs an die Bundesversammlung zulässig und „diese verpflichtet, wenn sie die Beschwerde begründet findet, eine genügende Abhilfe zu bewirken" (Wiener Schl.-A. Art. 63). Was insonderheit den Art. 14 der Bundesakte, der von den Rechten des Hohen Adels handelt, angeht, so hat nach der von der Wissenschaft so gut wie einmütig angenommenen Meinung (s. dazu Goldschmidt S. 31 58 ff., Scholly S. 39, Heß S. 9 ff. u. a. m.) dieser Artikel nicht unmittelbar verbindliches Recht geschaffen, sondern erteilt den deutschen Einzelstaaten nur eine, allerdings bindende, Vorschrift, bindend aber nur „in modum pacti, nicht in modum legis" (Anschütz, Kommentar z. Preuß. Verf.-Urk. S. 121), nach welchen Grundsätzen durch die Landesgesetzgebung die Rechtsverhältnisse des Hohen Adels des alten Reiches übereinstimmend in den deutschen Staaten geordnet werden sollten. „Es war die Absicht," sagt das R.G. Entsch. 2, 154, „die Rechte und Vorzüge festzusetzen, welche die vormals reichsunmittelbaren deutschen Reichsstände als eine ihrem Stande gemäße Auszeichnung genießen sollen."

Demgemäß ergingen denn auch in sämtlichen deutschen Staaten, unter deren Souveränität Familien und zu deren Gebiet Besitzungen des Hohen Adels des alten Reiches gekommen waren, meist sehr eingehende landesrechtliche Vorschriften, durch welche die Rechtsverhältnisse des Hohen Adels durch das Landesrecht und für den örtlichen Geltungsumfang dieses Landesrechtes geregelt wurden (s. deren Zusammenstellung bei Vollgraff in den Beilagen). Diese landesrechtlichen Ordnungen beruhten zwar auf den von Bundes wegen vorgeschriebenen Grundsätzen, waren aber im einzelnen nicht unwesentlich verschieden.

Voraussetzung aber der Bundesakte und damit auch des auf ihrer Grundlage beruhenden Landesrechtes war nach ihrem klaren Wortlaut — und dies mußte nach Reichsstaatsrecht juristisch der Fall sein —, daß es sich um „Reichsstände“ handelte (ebenso Kohler S. 71), denn Mangels der Reichsstandschaft war eben rechtlich eine Zugehörigkeit zum Hohen Adel des alten Reiches nicht möglich. „Dahingegen kann, sagt Heffter S. 28 vollkommen zutreffend, der persönliche Stand des Hohen Adels nicht begründet werden auf den Besitz unmittelbarer Reichsgebiete an und für sich, selbst nicht derjenigen, welche nach den Bestimmungen der Wiener Kongreßakte Art. 32 u. 43 in das vom Deutschen Bunde zu regulierende Verhältnis mediatisierter Territorien versetzt werden sollten, sofern nicht den Besitzern schon im Deutschen Reiche reichsstandschaftliche Rechte zustanden.“

„Alle standesherrlichen Rechte stehen nun lediglich denjenigen Standesherren zu, die zu den 1806—1815 mittelbar gewordenen ehemaligen Reichsständen gehören“ (Bornhak I S. 326); Hoher Adel sind „alle diejenigen Familien, welche reichsunmittelbar waren und deren Häupter die Landeshoheit und Reichsstandschaft besaßen“ (ebenda S. 335). Ebenso Schücking S. 626: Art. 24 der Bundesakte „sicherte den mediatisierten, ehemals reichsständischen, Häusern“ das Ebenbürtigkeitsrecht.

Auch das Adelsstatut für Württemberg (1817) und die badische Verordnung vom 23. April 1818 sprechen ausdrücklich nur von „vormals reichsständischen Familien“, von „vormaligen Reichsständen“ als von Familien des Hohen Adels.

Unanfechtbar richtig ist demnach der Satz, der den Kernpunkt des Urteils des Landgerichtes Münster vom 12. Dezember 1903 bildet:

„daß auch nach der Bundesakte als hochadelig mit dem Rechte der Ebenbürtigkeit nur die früheren reichsständischen Familien, die im Reichstag Sitz und Stimme gehabt haben, gelten können."

Ebenso sagt Dresch S. 127: „die durch die Bundesakte den Standesherren eingeräumten Rechte können nur die ehemals reichsständischen Häuser ansprechen, d. h. diejenigen, die Sitz und Stimme auf dem Reichstag hatten."

Wenn Zöpfl (II, S. 94) der Anerkennung dieses Grundsatzes, daß nur die vormals reichsständischen Häuser „die Eigenschaft als standesherrliche im Sinne des Art. 14 der Bundesakte in Anspruch zu nehmen berechtigt sind", den weiteren Satz beifügt: andere nur durch einhelligen Beschluß der Bundesversammlung — so ist dieser letztere Satz unhaltbar. Die Bundesversammlung konnte auch nicht durch einhelligen Beschluß eine Familie, die nicht „vormals reichsständisch" war, in den Hohen Adel des alten Reiches, das nicht mehr vorhanden war, aufnehmen.

In dem Falle, daß die Bundesakte und die ihr rechtlich gleichstehenden Akte eine Familie als zum Hohen Adel gehörig aufführten, die mangels der Reichsstandschaft diesem Hohen Adel nach Reichsstaatsrecht nicht angehört hatte, konnte die Bundesakte, da der Deutsche Bund als Staatenbund überhaupt nicht die Möglichkeit hatte, unmittelbar verbindliches Recht zu erzeugen, unmöglich die rechtliche Kraft haben, diese Familie in den Hohen Adel des alten Reichsstaatsrechtes aufzunehmen, diese Familie in die mit dem Untergang des alten Reiches abschließend und ausschließend festgelegte Rechtsgenossenschaft des Hohen Adels neu einzuführen. Dies war eine rechtliche Unmöglichkeit und wenn in der Bundesakte eine Familie als zum Hohen Adel gehörig aufgeführt wurde, die dem Hohen Adel zweifellos nicht angehörte, so bleibt nichts übrig, als einen Rechtsirrtum anzunehmen, der die Rechtswirkungen dieser Vorschrift ausschloß und juristisch nur in dem Sinne verwertet werden konnte und kann, daß nach Meinung der Bundesversammlung diese Familie als den Familien des Hohen Adels gleichstehend anzusehen sei. Aber in den Hohen Adel „aufnehmen", einen Hohen Adel schaffen, wo ein solcher nach altem Reichsstaatsrecht nicht vorhanden war — dazu war die Bundesakte unter allen Umständen juristisch außerstande, dies lag für sie außer jeder juristischen Möglichkeit. Der Artikel 14 enthält allerdings, wie Laband zutreffend bemerkt, kein „Verbot, auch andere Häuser dem Hohen Adel zuzurechnen" oder wie es an einer anderen Stelle des Gutachtens heißt, „gleichzustellen", aber Hohen Adel schaffen, Hohen Adel verleihen konnte die Bundesakte nicht; und ebensowenig konnte dies die Wiener Kongreßakte dadurch, daß sie Dülmen unter den „territoires mediatisés" aufzählte. Dresch, S. 129, hat darauf hingewiesen, daß in Art. 43 nur von „territoires", nicht von Familien oder Personen die Rede ist, aber auch wenn man auf diese Unterscheidung kein Gewicht legt, so spricht doch Art. 43 immer nur von „rélations", in welche die Besitzungen der Croys und der Bentheims zu Preußen und Hannover gesetzt werden sollen, stellt aber mit nichten eine allgemeine Regel auf. Zu den „mediatisierten" Distrikten gehörte Dülmen allerdings zweifellos; den Herren von Dülmen, der Familie Croy, konnte durch die Wiener Kongreßakte die gleiche Rechtsstellung zugewiesen werden, welche die Bundesakte den Herren der übrigen mediatisierten Distrikte zuwies. Aber eine „Aufnahme" in den Deutschen Hohen Adel konnte darin rechtlich unmöglich liegen.

Selbst dann aber, wenn man — wozu einige neuere Schriftsteller neigen (vgl. Fleischmann in seinem Wörterbuch des Staats- und Verwaltungsrechtes III, S. 514) — annehmen will, daß ein Staatsvertrag unmittelbar verbindliches Recht zu erzeugen imstande wäre, würde doch in der hier zur Entscheidung stehenden Frage die Bundesakte verbindliches Recht zu schaffen unfähig gewesen sein, da die Voraussetzung dieses Rechtes: das Dasein des alten Reiches und seiner Organisation, deren rechtlicher Bestandteil die Reichsstandschaft war, nicht mehr existierte. Man mag die Sache drehen und wenden wie man will: es wird niemals oder doch nur durch die künstlichsten juristischen Gedankengänge möglich sein, eine „Aufnahme" in den Hohen Adel des alten Reichsstaatsrechtes durch die Bundesakte rechtlich zu konstruieren; einen neuen „Hohen Adel" des Deutschen Bundes zu schaffen, war aber ganz unzweifelhaft nicht die Absicht der Bundesakte und auch wenn diese Absicht bestanden hätte, so wäre — vorausgesetzt, daß die rechtliche Möglichkeit einer solchen Neuschöpfung durch die Bundesakte angenommen wird, die aber gleichfalls verneint werden muß — dieser Hohe Adel des Deutschen Bundes eben ein anderes Rechtsgebilde gewesen, als der Hohe Adel des alten Reiches. Übrigens ist ein ausdrücklicher Beschluß über den Hohen Adel des Hauses Croy von der Bundesversammlung nie gefaßt worden. Auch die beantragte Matrikel der hochadeligen Häuser ist nie zustande gekommen.

Der rechtliche Inhalt des Art. 14 der Bundesakte mit Wiener Schlußakte Art. 43 ist demnach folgender:

1. Für die Familien, die zweifellos den Erfordernissen des alten Reichsstaatsrechtes — Landeshoheit und Reichsstandschaft — genügten, für die „mittelbar gewordenen ehemals reichsständischen Familien" (Rehm S. 97), wird der Hohe Adel im Sinn des alten Reichsstaatsrechtes auch von Bundes wegen anerkannt und für die Neuregelung seiner Rechtsverhältnisse gibt der Bund den Einzelstaaten verbindliche Normen.

2. Für Familien, die jenen Voraussetzungen nicht genügten, konnte der Bund seine Meinung dahin aussprechen, daß auch sie nach diesen Normen zu behandeln seien, auch wenn sie dem Hohen Adel des alten Reiches, und damit juristisch dem Hohen Adel im Rechtssinne überhaupt, nicht angehört hatten und demgemäß auch heute nicht angehören; eine „Verleihung" des Hohen Adels aber erfolgte hierdurch nicht

und zu einer solchen war der Deutsche Bund völlig außerstande. —

Im Gegensatz zu den obigen Ausführungen hat neuestens Rehm (zitiert als Rehm III) den Nachweis zu erbringen versucht, daß das Haus Croy dem Hohen Adel im Sinne des alten Reichsstaatsrechtes angehöre. Rehm teilt damit die Ansicht, die auch sämtliche übrige Schriftsteller aussprechen, das Verdienst von Rehm aber ist, daß er diese Ansicht in eingehender wissenschaftlicher Darstellung zu begründen versucht. Rehm gibt zu, daß das Haus Croy dem Hohen Adel des alten Reiches nicht angehört habe; das Haus sei seinem Ursprung und seiner rechtlichen Entwicklung gemäß ein spanisch-französisches gewesen. Bis zum Untergang des alten Reiches sei das Haus Croy in den Hohen Adel des Reiches und Reichsrechtes nicht eingetreten. Aber durch die deutsche Bundesakte Art. 14 in Verbindung mit Wiener Kongreßakte Art. 43 sei dem Hause Croy als einem „mediatisierten" Hause der Hohe Adel „verliehen" worden, obwohl es nicht Reichsstand gewesen sei, denn die Bundesakte habe das entscheidende Gewicht auf die frühere Landeshoheit gelegt. Zwar nicht nach dem „Wortlaut", aber nach dem „Sinne" müßte dies aus Art. 14 gefolgert werden; „der wirkliche Wille der in der Bundesakte eine Willenserklärung Abgebenden war, dem Herzog von Croy die bevorzugte Rechtsstellung eines seit 1806 mittelbar gewordenen ehemaligen Reichsstandes einzuräumen" (S. 5). „Wir setzen", so bestimmt Rehm den Rechtsinhalt der Bundesakte bezüglich des Hauses Croy, „den Herzog von Croy in dieselben Rechte ein, in die wir die ehemaligen Reichsstände einsetzen" (S. 6). Auch Schücking 58 spricht im gleichen Sinne von „Zulassungsinstanz der Bundesversammlung".

Dies wird in eingehender scharfsinniger Begründung nachzuweisen versucht und das Ergebnis von Rehm dahin festgestellt: „nicht deutscher Standesherr im staatsrechtlichen Sinne, wohl aber deutscher Standesherr im Rechtssinne konnte der Herzog von Croy auch ohne eine deutsche gesetzgebende Gewalt werden" (S. 11).

Ich vermag der Rehm'schen Begründung und dem aus

ihr gewonnenen Ergebnis in diesem Punkte nicht beizustimmen, bin vielmehr der Meinung, daß der „staatsrechtliche Sinn" kein anderer sein kann als der „Rechtssinn" und daß in jedem juristischen Sinne die deutsche Bundesakte unfähig war, den Hohen Adel im Sinne des alten Reichsstaatsrechtes zu schaffen. Seitdem keine „deutsche gesetzgebende Gewalt" mehr vorhanden war, also seit 1806, war der deutsche Hohe Adel rechtlich abgeschlossen ohne jede Möglichkeit der rechtlichen Erweiterung. Die Bundesakte hat nicht etwa die alten Reichsstände in Rechte „eingesetzt" (Rehm III S. 6), sondern sie hat lediglich erklärt, daß ihnen die Rechte, in die sie das alte Reichsrecht eingesetzt hatte, insbesondere die Ebenbürtigkeit „verbleiben" sollen und hat damit dem deutschen Landesrechte eine bindende Anweisung gegeben; in Rechte „einsetzen" die nicht vorhanden waren, konnte die Bundesakte überhaupt nicht, also konnte sie auch das Haus Croy nicht in Rechte einsetzen, die dieses Haus nach dem alten Reichsrecht nun eben einmal nicht gehabt hatte. Der Rechtsinhalt der Bundesakte inbezug auf das Haus Croy konnte vielmehr nur der oben festgestellte sein: einer Erklärung, daß dieses Haus landesrechtlich als den ehemaligen Reichsständen gleichstehend und gleichberechtigt betrachtet und behandelt werden solle. Weiter konnte die rechtliche Zuständigkeit des Deutschen Bundes als eines „völkerrechtlichen Vereines der deutschen souveränen Fürsten und freie Städte" unmöglich reichen. An diesem rechtlichen Irrtum ihrer Grundvoraussetzung muß nach meiner Überzeugung die ganze, überaus scharfsinnige Rehm'sche Beweisführung scheitern.

IV.

Auf dieser Rechtsgrundlage des alten Reichsstaatsrechtes und der Bundesakte beruht die preußische Landesgesetzgebung über die „Standesherrn". Der Weisung der Bundesakte gemäß wurden die Rechtsverhältnisse der Standesherren durch preußisches Landesrecht — Edikt vom 21. Juni 1815 (G. S. 155) und Instruktion vom 30. Mai 1820 (G. S. 81) — geordnet und nach der Unterbrechung dieser Ordnung durch die Ereignisse von 1848 und das Inkrafttreten der Verfassungsurkunde weiterhin neu geordnet durch Gesetz vom 10. Juni 1854 (G. S. 363) und zwei Verordnungen vom 12. Dezember 1855 (G. S. 686, 688). In dieser Fassung stehen die einschlägigen Rechtssätze noch heute in Kraft.

Durch „Rezesse" mit den einzelnen Standesherren wurden sodann die Verhältnisse im einzelnen geregelt, so mit dem Hause Croy durch Rezesse vom 20. Februar 1827 und 3. August 1864, durch welche das Haus auf alle eigentlichen Regierungsrechte verzichtete.

Auch diese preußische Ordnung des Rechtes der „Standesherren" hat aber in erster Linie zur rechtlichen Voraussetzung die Erfordernisse des alten Reichsstaatsrechtes. Standesherrliche Familien sind demgemäß auch nach preußischem Recht grundsätzlich nur die Familien desjenigen Adels, der im alten Reiche Landeshoheit und Reichsstandschaft besessen hatte und der weiterhin der preußischen Landeshoheit unterworfen wurde. Im Eingange des Ediktes vom 21. Juni 1815 spricht der König aus, daß „verschiedene Besitzungen der vormals unmittelbaren deutschen Reichsstände Unserer Monarchie einverleibt sind" und ebenso spricht die Instruktion vom 30. Mai 1820 § 1 von den „vormals unmittelbaren deutschen Reichsständen" und ihr Schlußsatz lautet: „Wir tragen unserem Staatsministerium hierdurch auf, nach dem Inhalte der vorstehenden Instruktion die vormals unmittelbaren deutschen Reichsstände in die vollständige Ausübung und den Genuß aller ihnen zustehenden Gerechtsame einzuführen." Bei den meisten dieser Familien sind die Erfordernisse des alten Reichsstaatsrechtes zweifelsfrei festgestellt, die Rechtslage demgemäß sicher und klar.

Bei einigen Familien aber sind die Erfordernisse des alten Reichsstaatsrechtes nicht sicher festgestellt und daraus ergeben sich Schwierigkeiten. „Nicht den Begriff des reichsständischen Hauses erfüllte eine Familie, welche nur Sitz aber nicht Stimme im Reichstage oder auch dies nicht, sondern lediglich den

Titel eines Reichsfürsten, Reichsgrafen oder Reichsfreiherrn hatte“ (Rehm II, S. 101). Zu diesen Familien gehört unter anderen die Herzogliche Familie von Croy. Ihr fehlte die Voraussetzung der Reichsstandschaft, sie gehörte demnach nicht zu den Familien des Hohen Adels im Sinne des alten Reichsstaatsrechtes, wie oben festgestellt. Diese Voraussetzung konnte, wie gleichfalls oben festgestellt, nicht durch die Bundesakte rechtlich ergänzt werden; vielmehr konnte der rechtliche Sinn der Bestimmungen der Bundesakte für das Haus Croy nur der sein, daß nach Ansicht der Bundesversammlung das Haus Croy den Familien des Hohen Adels des alten Reichsstaatsrechtes gleich zu achten sei (s. auch Zöpfl II S. 107, VIII). Zwar stellt Rehm S. 101 den Satz auf: „Durch die verbündeten Staaten ist hier eine neue deutsche Standesherrschaft geschaffen;“ aber dieser Satz ist rechtlich nicht haltbar; „schaffen“ konnte eine Standesherrschaft nur das alte Reich; die „verbündeten Staaten“ waren hierzu völlig außerstande, da sie die Reichsstandschaft, die unbedingte rechtliche Voraussetzung einer reichsrechtlichen „Standesherrschaft“, unmöglich verleihen konnten. Denn — so stellt Rehm S. 237 selbst scharf und unbedingt zutreffend fest —: „Die Standesherrlichkeit bedeutet Zugehörigkeit zu einem ehemals reichsständischen Hause und solche Häuser können nach ihrem Begriffe nicht neu geschaffen, sondern nur von Generation zu Generation forterhalten werden.“

Auch die preußische Gesetzgebung behandelt das Haus Croy ohne jeden Vorbehalt als standesherrliches Haus. Die Rechtslage ist hinsichtlich der preußischen Gesetzgebung insofern eine andere als bei der Bundesakte, als selbstverständlich für Preußen kein Zweifel an der Möglichkeit der Rechtserzeugung bestehen kann. Das Endergebnis ist jedoch juristisch für die preußische Gesetzgebung genau das gleiche wie für die Bundesakte, nämlich: daß auch die preußische Gesetzgebung rechtlich nicht imstande war, eine Familie, die nach Reichsstaatsrecht nicht dem Hohen Adel angehörte, in den Hohen Adel zu erheben. Eine

„konstitutive Wirkung“ in dem Sinne, „daß die Zugehörigkeit zum Hohen Adel dadurch begründet wurde“, wie dies das Oberlandesgericht Hamm in dem Urteile vom 7. Oktober 1905 annimmt, konnte die preußische Gesetzgebung gar nicht haben; auch das Reichsgericht in seinem Urteile vom 20. Juni 1907 hat diese „konstitutive Wirkung“ abgelehnt; ebenso Laband, aber Art. 43 der Wiener Kongreßakte konnte sie wie oben ausgeführt ebensowenig haben. Der Hohe Adel ist eine Rechtsschöpfung des alten Reiches und hat somit das alte Reich und dessen Recht zur Voraussetzung. Preußen aber kann nur über preußische Dinge und für das Gebiet des preußischen Staates Recht schaffen; der Hohe Adel aber ist keine preußische Angelegenheit und reicht weit über das Gebiet des preußischen Staates hinaus. Noch weniger als der Deutsche Bund konnte der Staat Preußen den Hohen Adel verleihen, eine Familie in die Rechtsgenossenschaft des Hohen Adels aufnehmen. Die uralten ostpreußischen Familien der Dohna und Eulenburg konnten durch den Staat Preußen in den preußischen Fürstenstand erhoben werden, in die Rechtsgemeinschaft des Hohen Adels des alten Reichsstaatsrechtes konnten sie durch die preußische Gesetzgebung nicht eingefügt werden. Das lag völlig außerhalb des Bereiches der Möglichkeit für die preußische Gesetzgebung. Ein Landesherr „vermag bloß einen Hohen Landesadel zu geben“, sagt Heffter S. 29. Und übereinstimmend Klüber § 497c, Maurenbrecher S. 235. Daran ist ja auch ein juristischer Zweifel gar nicht möglich.

Und im Kernpunkte ebenso wie für jenen uralten ostpreußischen Adel liegt die Sache für das Herzogliche Haus Croy; auch die Bundesakte hat, wie oben dargelegt, an dieser Rechtslage nichts zu ändern vermocht. Heffter und Kohler widersprechen, wie oben bereits festgestellt wurde, sich selbst, wenn sie einerseits die Reichsstandschaft als unbedingtes Erfordernis des Hohen Adels aufstellen, andrerseits für das Haus Croy, das diesem Erfordernis nicht genügte, den Hohen Adel annehmen. Es ist somit ein zweifelloser Irrtum, wenn das preußische Edikt vom

21. Juni 1815 (G. S. 105) das Haus Croy einfach unter den „vormals unmittelbaren deutschen Reichsständen“ aufzählt; denn zu diesen gehörte das Haus Croy nicht und das Edikt konnte diese Zugehörigkeit rechtlich nicht schaffen; viel vorsichtiger und juristisch richtig sagt die Instruktion vom 30. Mai 1820 (G. S. 81): „als vormalige unmittelbare deutsche Reichsstände sind zu betrachten“.

Daß „der Herzog von Croy wegen der Herrschaft Dülmen“ als „vormals unmitelbarer deutscher Reichsstand, auf welchen unsere Verordnung vom 21. Juni 1815 Anwendung findet“ „zu betrachten“ sei, konnte die Instruktion von 1820 wohl aussprechen; wenn aber die Verordnung vom 21. Juni 1815 sagte, daß „verschiedene Besitzungen der vormals unmittelbaren deutschen Reichsstände Unserer Monarchie einverleibt sind“ und unter diesen namentlich als Ziffer 5: „Dülmen, dem Herzog von Croy“ aufführt, so sagt sie damit etwas tatsächlich Unrichtiges, denn Dülmen und der Herzog von Croy waren, wie zweifellos feststeht, nicht „vormals unmittelbarer deutscher Reichsstand“. Und keine Macht der Welt war und ist imstande, etwas, was tatsächlich nicht war, als seiend zu erklären. Diese absolute Unmöglichkeit kann auf keinem denkbaren Wege durch Interpretation beseitigt werden. Es ist einfach ein Irrtum, wenn die Verordnung von 1815 die Croys für Dülmen als „vormals unmittelbaren deutschen Reichsstand“ erklärt.

Wohl aber konnte die preußische Gesetzgebung bestimmen, daß das Herzogliche Haus Croy den Familien des Hohen Adels gleich zu betrachten und zu behandeln sei, soweit preußische Rechts- und Staatsverhältnisse in Betracht kommen. Dies und nichts anderes konnte der rechtliche Sinn der preußischen Rechtsvorschriften sein, die das Haus Croy unter den standesherrlichen Familien aufzählten. Zu „Standesherren“ im Rechtssinne des alten Reichsstaatsrechtes über den Hohen Adel aber konnte die preußische Gesetzgebung die Herzöge von Croy unmöglich machen, sie konnte sie nur zu preußischen Standesherrn mit der rechtlichen Wirkung machen, daß sie im Rahmen der preußischen Staats- und Rechtsordnung, daß sie von preußischen Behörden und Gerichten den Landesherren des alten Reichsstaatsrechtes gleich zu achten seien. Die Kab.-O. vom 3. März 1833 (GS. S. 29) über die Führung des Titels „Durchlaucht“ bringt diesen rechtlichen Gesichtspunkt mit größter Schärfe zum Ausdruck in den Worten: „im ganzen Umfange Meiner Monarchie von den Landesbehörden und Untertanen das Prädikat „Durchlaucht“ erteilt werden soll“. Auch Bornhak I S. 336 spricht in diesem Sinne von den „Familien, denen trotz der mangelnden Reichsstandschaft die gleichen Rechte landesgesetzlich eingeräumt sind“. In diesem Rechtssinne sind die Herzöge von Croy preußische Standesherren und ist das Herzogliche Haus ein preußisches standesherrliches Haus.

Die Bundesakte Art. 14 und ihr folgend die preußische Gesetzgebung im Edikt vom 21. Juni 1815 stellt für die standesherrlichen Familien den Rechtsgrundsatz auf: „daß diese fürstlichen und gräflichen Häuser fortan nichts destoweniger zu dem Hohen Adel in Deutschland gerechnet werden und ihnen das Recht der Ebenbürtigkeit in dem bisher damit verbundenen Begriffe verbleibt“. „Verbleiben“ können einem Rechtssubjekt nur Rechte, die es hatte; wer das Recht der Reichsstandschaft und das darauf aufgebaute Recht des Hohen Adels und der Ebenbürtigkeit nicht hatte, dem kann es nicht „verbleiben“; es kann nur ein diesem Rechte analoges Rechtsverhältnis neu geschaffen werden, das aber rechtlich dennoch ein anderes Rechtsverhältnis ist als dasjenige, nach dessen Analogie es gestaltet ist.

Daraus ergeben sich die nachstehenden Schlußfolgerungen bezüglich der Einzelvorschriften des preußischen Edikts vom 21. Juni 1815 bzw. der Instruktion vom 30. Mai 1820 (s. über die Einzelheiten auch Dresch S. 148ff.).

1. Über hohen Adel und Ebenbürtigkeit (Ziff. 1a) siehe unten VI.

2. Das Recht der „ersten Standesherren im Staate“ für die „Häupter“ der Familen des Hohen Adels und der diesem gleichgestellten Familien (Ziff. 1 b) konnte die preußische Gesetzgebung ohne weiteres gewähren.

3. Ebenso das Recht des freien Aufenthalts im Staate (Ziff. 1 c).

4. Ebenso das Recht der Autonomie, selbstverständlich aber nur für das Rechtsgebiet des preußischen Staates, sowohl für die „noch bestehenden Familienverträge“ als für neue „verbindliche Verfügungen über ihre Güter und Familienverhältnisse“, jedoch wurde hierfür Vorlage an den Souverän vorgeschrieben (Ziff. 1 c, 2).

5. Ebenso die Privilegien über Gerichtsstand und Gerichtsbarkeit (Ziff. 1 c, 3 u. 4, Ziff. 7).

6. Ebenso über Ortspolizei, Kirchenpatronat und Schulaufsicht (Ziff. 1 c, 4).

7. Ebenso über den Schutz ihrer „Domänen“ und über Steuerverhältnisse, sowie über die Ausübung der Jagd (Ziff. 3, 4, 5).

8. Endlich ebenso über Militärverhältnisse, sowohl ihrer selbst als ihrer „Untertanen“ (Ziff. 6).

Die sämtlichen unter 2—8 kurz bezeichneten Vorschriften lagen durchaus im Bereiche der preußischen Landesgesetzgebung, sowohl für die Familien des Hohen Adels selbst als für die diesen gleichgestellten Familien. War ein Haus irrtümlich als zu den vormaligen Reichsständen gehörig bezeichnet, das in Wirklichkeit niemals Reichsstand gewesen war, so ist trotzdem als Wille des Gesetzgebers anzunehmen, daß auch diesem Hause die durch das Edikt gewährleisteten Rechte zustehen sollten, soweit eben die preußische Gesetzgebung sie zu gewähren rechtlich imstande war, was bezüglich des Hohen Adels selbst und der Ebenbürtigkeit aber unmöglich war (s. hierüber auch Golther in Tübinger Zeitschr. Bd. XIV S. 216 ff. und Zöpfl: Die neuesten Angriffe auf die Stellung der deutschen Standesherren S. 70 ff.).

Ähnliche Rechtsverhältnisse wie für die Croys walten

ob bezüglich der Häuser Schönburg, Stolberg, Bentheim-Steinfurt, Bentheim-Tecklenburg, Schlitz-Görtz, Pappenheim, Bentinck, Looß-Corswaren (s. Heffter 400, 416 ff., 351, 378); sie wurden, ohne den Voraussetzungen des Hohen Adels nach altem Reichsrecht zu genügen, dem hohen Adel „in dem Staate. zu dem sie gehören“, landesrechtlich „gleichgestellt“.

Es kann somit keinem Zweifel unterliegen, daß unter den heute so genannten „Standesherren“ zwei Gruppen unterschieden werden müssen: a) die Standesherren des alten deutschen Hohen Adels, b) die Standesherren kraft landesherrlicher Verleihung; die erstere Gruppe hat die Rechte des alten deutschen Hohen Adels ipso jure, wie dies durch Art. 14 der Bundesakte ausgesprochen wurde, die zweite Gruppe hat diese Rechte und damit die Zusicherung des Art. 14 nur insoweit, als das Landesrecht sie gewähren konnte. Schon Klüber S. 460 N. b macht diese Unterscheidung und bemerkt dazu S. 496 bezüglich der Gruppe b vollkommen zutreffend, daß es sich hier um eine „Verleihung“ handle, „durch welche weder Hoffnung zu Kuriat-Stimmrecht im Plenum der Bundesversammlung noch ein in allen Bundesstaaten notwendig anzuerkennender hoher Adelsstand und die standesherrliche Ebenbürtigkeit erlangt werden kann“. Die Vorrechte, „die ein gleichmäßiges Verhältnis zu allen Bundesstaaten bilden und die vom besonderen Untertanenverhältnis zu einem einzelnen Staate ganz unabhängig sind“ (Dresch S. 147, 151), also in erster Linie die Ebenbürtigkeit, konnten durch Landesrecht nicht verliehen werden.

Von hohem Interesse für die preußische Rechtsauffassung sind übrigens die hierher gehörigen Vorschriften des preußischen Hof-Rang-Reglements, die sich in dem Zeremonialbuch für den Königlich Preußischen Hof (Berlin, Mittler 1878) finden.

Es werden hier S. 3 unter Ziffer 10 die Häupter der „nachstehend aufgeführten fürstlichen und ehemals reichsständischen gräflichen Familien“ — der fürstlichen ohne den

Zusatz „ehemals reichsständischen“ — genannt, darunter Croy-Dülmen an siebenter Stelle.

In der Rangordnung (S. 61 ff.) der reichsfürstlichen und derjenigen deutschen gräflichen Familien, deren Häuptern das Prädikat Erlaucht zukommt, werden sodann folgende Unterscheidungen gemacht:

1. Diejenigen Häuser, die bis 1806 Virilstimme auf dem Reichstag hatten, und introduziert waren, nämlich: Aremberg, Lobkowitz, Salm-Salm, Dietrichstein, Auersperg, Fürstenberg, Schwarzenberg, Thurn und Taxis.

Dieses sind die Familien des Deutschen Hohen Adels, deren rechtliche Stellung vollkommen zweifelsfrei ist; das Haus Croy gehört zu ihnen nicht.

2. Die Häuser, denen 1803 durch den Reichsdeputationshauptschluß eine Virilstimme verheißen war und die durch den Bundestagsbeschluß vom 18. August 1825 als Durchlaucht und ebenbürtig anerkannt sind; sie werden in der Zahl von dreizehn aufgeführt; das Haus Croy findet sich auch in dieser Aufzählung nicht.

3. „Es folgen nunmehr diejenigen fürstlichen Häuser welche im Jahre 1829 von den Regierungen der Bundesstaaten als solche vormals reichsständische, jetzt standesherrlich unterzeichnete fürstliche Familien angemeldet worden sind, denen infolge des Beschlusses der Bundesversammlung vom 18. August 1825 das Prädikat „Durchlaucht“ — von Ebenbürtigkeit ist hier im Gegensatz zu Ziffer 2 nichts gesagt — „ebenfalls zukomme.“

In dieser Kategorie ist das Haus Croy-Dülmen an erster Stelle genannt und zwar mit dem Zusatz „(Reichsfürst 1486)“, weiter folgen 27 andere Familien.

Irrtümlich ist bei diesen Angaben: a) die Bezeichnung des Hauses Croy-Dülmen als „vormals reichsständisch“, was das Haus niemals war und b) der Zusatz: Reichsfürst 1486, was das Haus gleichfalls niemals war.

4. Weiter folgen die reichsgräflichen Häuser mit dem Prädikat Erlaucht gemäß Bundestagsbeschluß vom 13. Februar 1829 in der Zahl von 31 und endlich

5. die Reichsfürsten ohne Reichsstandschaft in der Zahl von 20.

Zu dieser letzteren Kategorie gehört rechtlich das Haus Croy, falls ihm nicht aus besonderen Gründen ein anderer Rang angewiesen werden wollte, was selbstverständlich juristisch durchaus möglich war.

Anderer Ansicht über die Bedeutung der Landesgesetzgebung für das Haus Croy — und die anderen landesrechtlich zu „Standesherren“ erhobenen Häuser — ist in folgerichtiger Entwicklung seiner Grundanschauung Rehm und er führt diese Ansicht III, S. 9—17 in eingehender Weise aus. Danach habe auch für diese Häuser, nachdem sie durch die Bundesakte als „Mediatisirte“ den alten Reichsständen gleichgestellt worden seien, die Landesgesetzgebung nur den rechtlichen Charakter von „ausführenden“, nicht von rechtsbegründenden Vorschriften gehabt. Nicht durch die Landesgesetzgebung, sondern durch die Bundesakte seien auch diese Häuser in die standesherrlichen Privilegien „eingesetzt“ worden und demgemäß hätten diese Häuser nicht nur in dem Staate, in dessen Länderbestand und Oberhoheit sie eingefügt worden seien, die standesherrlichen Privilegien, sondern im ganzen Gebiete des deutschen Bundes als ihnen zugesprochene Rechte zu beanspruchen.

An den oben gegen die Rehm'sche Grundauffassung geltend gemachten Bedenken scheitern auch diese Folgerungen. Das schließt aber keineswegs aus, daß die übrigen deutschen Staaten diesen Häusern freiwillig die standesherrlichen Rechte einräumten, nachdem sie von Bundeswegen als den ehemaligen Reichsständen gleichstehend bezeichnet worden waren und von Bundeswegen der Grundsatz ausgesprochen war, daß allen diesen Familien „in allen Bundesstaaten einen gleichförmig bleibenden Rechtszustand zu verschaffen“ die bestimmte Absicht der Bundesakte sei. Aber einen Rechtsanspruch auf die standesherrlichen Privilegien haben diese Häuser nur durch die und gemäß der Landesgesetzgebung. Nur so lassen sich auch die Worte „avec la monarchie Prussienne“ „avec le royaume Hannovre“ ungezwungen erklären. Daß die „übereinstimmende Praxis“ der deutschen Bundesstaaten allenthalben die Privilegien gewährt habe, ist keineswegs ein zwingender Beweis dafür, daß diese Praxis auf der Anerkennung eines Rechtsanspruches jener Häuser beruhte. „Hohen Adel" aber im Sinne des alten Reichsstaatsrechtes und „das Recht der Ebenbürtigkeit in dem bisher damit verbundenen Begriff", was gemäß Art. 14 den „ehemaligen Reichsständen" verbleibt, konnte auch die „übereinstimmende Praxis" der Bundesstaaten den Häusern, die „Hohen Adel" und die daran geknüpfte Ebenbürtigkeit nicht hatten, nicht „einräumen".

V.

Auch durch die Gesetzgebung des neuen Reiches wurde die Sonderstellung des Hohen Adels anerkannt, allerdings nur für das Gebiet des Bürgerlichen Rechts. (S. zum folgenden Hamann 57 ff., sowie die Monographien von Goldschmidt S. 92 ff. und Heß S. 18 ff.)

Zwar hat der Bundesrat in der Erklärung von 28. Februar 1873 grundsätzlich ausgesprochen, daß eine rechtliche Gebundenheit des neuen Reiches an die dem Hohen Adel durch den alten Deutschen Bund gegebenen Garantien nicht bestehe. Art. 58 EGBGB. erkennt aber das Recht der Familien des Hohen Adels an, für ihre Güter- und Familienverhältnisse im Rahmen des Bürgerlichen Rechts besondere Vorschriften auf dem Wege der hausrechtlichen Autonomie zu erlassen. In der Literatur wie in der Rechtsprechung besteht kein Zweifel darüber, daß durch diese Vorschrift der Reichsgesetzgebung das sog. Privatfürstenrecht, wie es sich in früherer Zeit ausgebildet hatte, Anerkennung gefunden hat. Die Vorschrift des Art. 58 hat demnach die folgende rechtliche Bedeutung: 1. die Familien des Hohen Adels in dem juristischen Sinne des alten Reichsstaatsrechtes haben das Recht, kraft ihrer Autonomie neue Vorschriften über ihre Güter- und Familienverhältnisse zu erlassen; 2. insoweit solche besondere Vorschriften nicht erlassen sind, gilt für sie als Rechtsquelle in erster Linie das sog. Privatfürstenrecht; 3. nur soweit dieses keine besonderen Rechtsvorschriften für den Hohen

Adel gibt, kommt das allgemeine bürgerliche Gesetzbuch zur Anwendung. Daß Autonomie und die ihr rechtlich gleichstehende Observanz als erste Rechtsquelle für den Hohen Adel gelten, betont auch das Reichsgericht (Entsch. 2 S. 149, 155).

Diese Rechtsgrundsätze gelten für den Hohen Adel des alten Reichsstaatsrechtes. Zu diesem Hohen Adel gehört das Herzogliche Haus Croy, wie oben festgestellt, nicht. Der Art. 58 gewährt aber eine Sonderstellung nicht nur den Familien des Hohen Adels selbst, sondern auch denjenigen Familien, die späterhin dem Hohen Adel gleichgestellt wurden. Dies konnte rechtlich nur auf dem Wege und in dem Umfange der Landesgesetzgebung geschehen und ist auf diesem Wege für verschiedene Familien und nach verschiedenen Richtungen geschehen. Zu diesen dem Hohen Adel zwar nicht angehörigen, aber ihm — durch die preußische Gesetzgebung und für deren rechtlichen Geltungsumfang — gleichgestellten Familien gehört das Haus Croy.

Es ist immerhin bemerkenswert, daß die neue deutsche Reichsgesetzgebung diese Unterscheidung in klarer und präziser Weise macht. In der älteren Literatur hat sie, soviel ich sehe, nur Klüber (s. oben S. 30) scharf ausgesprochen; in der Regel kennt man nur eine einheitliche Rechtsgenossenschaft des Hohen Adels, der man angehört oder nicht angehört. Die neue deutsche Reichsgesetzgebung aber macht den ausdrücklichen und scharf formulierten Unterschied zwischen den beiden Gruppen des Hohen Adels im weiteren Sinne des Wortes: 1. dem Hohen Adel im engeren Sinne, der den Erfordernissen des alten Reichsstaatsrechtes genügte und 2. denjenigen Familien die zu diesem Hohen Adel nicht gehörten, sondern ihm nur durch die Landesgesetzgebung, also auch nur für deren Rechtskreis gleichgestellt waren (s. dazu jetzt auch Kekulé von Stradonitz, S. 12 f. auch Schücking S. 58 unterscheidet die beiden Gruppen des Art. 58 nicht.)

Auch das Reichsgericht spricht in diesem Sinne von einem „preußischen standesherrlichen Hause". Allerdings wird dieser zweiten Gruppe reichsrechtlich für Güter- und Familienverhältnisse ohne Vorbehalt die gleiche Rechtsstellung eingeräumt, wie der ersten Gruppe und es scheint somit die Unterscheidung rechtlich belanglos zu sein. Dennoch ist sie an sich von Bedeutung wegen der verschiedenen Rechtsgrundlage der beiden Gruppen und aus dieser Verschiedenheit der Rechtsgrundlage ergeben sich auch notwendige juristische Folgerungen. Der erste Entwurf des EGBGB. gab das Privileg nur dem Hohen Adel d. i. „denjenigen Häusern, welche vormals reichsständisch gewesen und seit 1806 mittelbar geworden sind“; die Erweiterung auf die dem Hohem Adel später durch Landesrecht gleichgestellten Familien erfolgte erst später nach längeren schwierigen Verhandlungen (s. dazu Kuhlenbeck in Staudingers Kommentar 7 z. AB. VI S. 233 und die dort angegebenen Materialien).

Für den Hohen Adel des alten Reichsstaatsrechtes gilt wie oben bemerkt, Autonomie und kraft dieser Autonomie das Privatfürstenrecht, wie es im alten Reiche sich entwickelt hatte als ein Sonderrecht des Hohen Adels. Nur die Rechtsgenossenschaft dieses Hohen Adels wurde durch das Privatfürstenrecht gebunden; nur für diese rechtlich streng abgeschlossene Gemeinschaft galt das Privatfürstenrecht; innerhalb dieser Gemeinschaft sprach die Präsumption für das Privatfürstenrecht soweit nicht durch autonome Satzungen anderweitige Rechtsvorschriften gesetzt waren. Im einzelnen Falle hatte und hat somit der Richter zuerst festzustellen, ob autonome Rechtssätze des Hauses vorhanden sind; mangels solcher treten die Vorschriften des Privatfürstenrechtes ein. Diese Grundsätze hält auch die heutige Rechtsprechung fest (s. besonders das Urteil des Reichsgerichts vom 7. Mai 1880, Entsch. 2, S. 145 ff.).

Für die zweite Gruppe aber, für die dem Hohen Adel durch Landesrecht gleichgestellten Familien, können jene Rechtsgrundsätze nicht ohne weiteres zur Anwendung gebracht werden. Klar ist nach dem Wortlaut des Art. 58, daß auch diese Familien das Recht der Autonomie haben. Sie können somit gemäß Art. 58 für Güter- und Familienverhältnisse auf dem

Wege der Autonomie alle ihnen erforderlich scheinenden Rechtsvorschriften treffen, darin der ersten Gruppe, dem eigentlichen Hohen Adel, vollkommen gleichstehend, können somit auch durch autonome Satzung das Privatfürstenrecht als für sich maßgebend erklären.

Fraglich aber ist, ob für die zweite Gruppe ohne weiteres auch das Privatfürstenrecht als subsidiäre Rechtsquelle in Bausch und Bogen, wie für die erste Gruppe, gilt. Das Privatfürstenrecht umfaßt lediglich den Hohen Adel des alten Reichsstaatsrechtes; es ist darin vollkommen ausschließend; keine dem Hohen Adel nicht angehörige Familie stand im alten Reiche und steht heute ipso jure unter Privatfürstenrecht. Daraus muß aber gefolgert werden, daß für die dem Hohen Adel nur landesrechtlich gleichgestellten Familien das Privatfürstenrecht an sich und präsumtiv nicht gilt; nach dem alten Reichsstaatsrecht ist zweifellos, daß das Privatfürstenrecht nur für den Hohen Adel gilt; daß aber das Landesrecht die Kraft haben könnte, an Stelle des alten Reichsrechtes hier ergänzend und abändernd einzutreten und für ein Rechtsverhältnis, das nach Ursprung und Ausbildung ganz dem alten Reichsrecht angehörte und von den staatlichen Voraussetzungen des alten Reiches beherrscht war, nach dem Untergange des Reiches ein gleiches Rechtsverhältnis landesrechtlich zu schaffen, muß juristisch verneint werden. Ebenso wie der Stand des Hohen Adels selbst so war auch sein Recht, das sog. Privatfürstenrecht, mit dem Untergange des alten Reiches abgeschlossen.

Dann war nur ein Weg juristisch gangbar, nämlich der, daß durch die Autonomie, die den dem Hohen Adel gleichgestellten Familien zweifellos zusteht, das Privatfürstenrecht, sei es in seiner Gesamtheit, sei es in einzelnen Teilen, so z. B. die Ebenbürtigkeit, für das einzelne Haus eingeführt wurde, und nur auf Grund einer solchen Inkraftsetzung könnte von einer verbindlichen Kraft der Rechtssätze des Privatfürstenrechtes die Rede sein. Es kommen danach für die zweite Gruppe als Rechtsquellen nur in Betracht:

1. Autonomie, kraft deren auch das Privatfürstenrecht, ganz oder in einzelnen Teilen, eingeführt werden kann.

2. Mangels autonomer Rechtsvorschriften das allgemeine bürgerliche Recht.

Aber es gilt für diese zweite Gruppe nicht ohne weiteres ipso jure das Privatfürstenrecht, wie für die erste Gruppe.

VI.

Einer gesonderten Betrachtung bedarf noch die Frage der Ebenbürtigkeit. (Über die ganze Materie Heffter § 50ff. bes. S. 114ff. über das „neuere Reichsherkommen" und die Wahlkapitulation von 1742. Ferner Kohler S. 98ff.; besonders aber das große Werk von Göhrum: die Ebenbürtigkeit, 2 Bde.). Das Rechtsprinzip des alten Reichsstaatsrechts über die Ebenbürtigkeit besteht in dem Satze: daß die Familien des Hohen Adels rechtlich vollgültige Ehen nur unter sich abschließen können. Die völkerrechtliche Erweiterung dieses Prinzips auf die regierenden Häuser der europäischen Fürstenfamilien kann hier außer Betracht bleiben.

Unzweifelhaft ist in der ganzen Lehre von der Ebenbürtigkeit kaum ein einziger Satz; auch die wenigen Punkte, die man für gesichert hielt, sind neuestens bestritten in der gedankenreichen Schrift von v. Dungern, Grenzen des Fürstenrechtes. Für andere als reichsständische Familien existierte der Rechtsbegriff „Mißheirat" überhaupt nicht; das gesamte Privatfürstenrecht gilt, wie auch das Reichsgericht ausspricht, nur für die ehemaligen Reichsstände (s. dazu RG. Entsch. 2, 150ff. Ebenso Schücking S. 626: „für die regierenden, ehemals reichsständischen Familien ist das alte Ebenbürtigkeitsrecht des Hohen Adels ipso jure in Kraft geblieben als Bestandteil des gemeinen deutschen Privatfürstenrechts." Der vielberufene § 4 des Art. 22 der Wahlkapitulation Karl VII. von 1742 spricht nur von „unstreitig notorischer Mißheirat eines Standes des Reiches". Die Materie bildet einen Knäuel, ja man darf ruhig sagen einen Wirrwarr von Streitfragen, wie er im ganzen Gebiete des Rechtes sonst nicht wiederkehrt.

Die Hauptpunkte sind (s. Schulze I. 218, Bollmann S. 67): 1. Das Prinzip der Ebenbürtigkeit umfaßt einzig und allein die Familien desjenigen Hohen Adels, der den Erfordernissen des alten Reichsstaatsrechtes — Landeshoheit und Reichsstandschaft — genügte.

2. Die Ebenbürtigkeit bezog sich ihrem Ursprung und Begriffe nach nur auf die Familien dieses Hohen Adels unter sich; demgemäß war streng genommen jede Durchbrechung des Ebenbürtigkeitsprinzipes eine Vernichtung desselben.

Solche Durchbrechungen kamen aber fortwährend in großer Anzahl vor. Um sie mit dem Prinzipe in Einklang zu bringen, entwickelte das Privatfürstenrecht in Anwendung des Rechtsgedankens der Autonomie den Rechtssatz, der zu allgemeiner Anerkennung bis zum heutigen Tage gelangte: daß durch den Konsens der Agnaten eine dem Ebenbürtigkeitsprinzipe nicht entsprechende Ehe zu einer rechtlich vollgültigen gemacht werden könne. Daran halten Wissenschaft und Rechtsprechung auch heute noch in völliger Übereinstimmung fest. Gegen diese Rechtsform der Heilung des Ebenbürtigkeitsmangels kann auch nichts eingewendet werden.

Anders steht es mit einem zweiten Rechtsgrundsatze (s. dazu Heffter S. 116 ff., 120 ff.), der sich schon sehr frühzeitig, jedenfalls unter der Herrschaft des alten Reichsrechtes, entwickelte, dem Satze: daß durch die Hausautonomie der Kreis der Ebenbürtigkeit für die Eheschließung erweitert werden könne auf anderweitigen, immer noch, wenn auch nicht im Sinne des alten Reichsstaatsrechtes, „Hohen" Adel, also, fürstliche, gräfliche Familien, ja selbst auf freiherrlichen, weiterhin auch einfachen Adel, ja schließlich sogar auf bürgerliche Familien. Im Mittelalter war die Ebenbürtigkeit zwingendes Recht; in späterer Zeit entwickelte sich der Rechtsgrundsatz, daß die Familie in voller Freiheit Bestimmungen über die Ehen ihrer Mitglieder treffen könne (Bollmann S. 67, s. auch v. Dungern S. 42, der jede „gemeine Gewohnheit“ leugnet und Zöpfl, der annimmt, das Ebenbürtigkeitsprinzip bestehe darin, daß eine Familie des Hohen Adels Ehen mit Angehörigen niederer Stände für unebenbürtig erklären könne, tue sie dies nicht, so seien solche Ehen ebenbürtig).

Formellrechtlich war dies allerdings gleichfalls lediglich eine Anerkennung der Autonomie als der obersten Rechtsquelle für die Häuser des alten reichsrechtlichen Hohen Adels im Rahmen des Reichsrechtes. Materiell aber lag in diesem Rechtsgrundsatze eine vollständige Vernichtung des Ebenbürtigkeitsprinzipes für diejenigen Familien, die von dem angeführten Rechtssatze Gebrauch machten. Und vollends war dies der Fall dadurch, daß man, wie dies allgemein anerkanntes Recht war, der Autonomie die ihrer Natur nach viel unsicherere tatsächliche Übung, die „Observanz“, gleichstellte. Die Ebenbürtigkeit konnte ihrem Begriffe nach nur die Familien des alten reichsrechtlichen Hohen Adels unter sich umfassen; dies eben und nur dies war ihr juristischer Sinn und Inhalt. Ebenbürtigkeit mit bürgerlichen Familien war ein Unding und Unsinn, ein Widerspruch in sich, eine solche „Ebenbürtigkeit“ war eben keine Ebenbürtigkeit und konnte, schon nach dem bloßen Wortsinne, eine solche nicht sein. Aber auch von jedem Heraustreten aus dem Kreis des Hohen Adels muß dies nach den Gesetzen der einfachen Logik ganz ebenso gelten. Dies bedarf für das einfache Denken nicht der mindesten weiteren Begründung; die Ebenbürtigkeit ist entweder was sie ist oder sie ist nichts. Gleichwohl entwickelte sich, ein Hohn auf die gesunde Vernunft, der oben angegebene Rechtsgrundsatz und es gelang weder der Wissenschaft noch der Rechtsprechung, dieser sinnlosen Entwicklung des Ebenbürtigkeitsrechtes ein Ende zu machen. Man unterschied — und diese Unterscheidung fand allgemeine Anerkennung — zwischen der „strengen Observanz“ — dem alten Reichsstaatsrecht — und der „laxen Observanz“, den Erweiterungen der Ebenbürtigkeit in ihren verschiedenen Stufen. Es ist immerhin von charakteristischer Bedeutung, daß der größte Name des alten Reichsstaatsrechtes, Pütter, und der Begründer der heutigen deutschen Rechtsgeschichte, Eichhorn, sowie der eindringendste Forscher über das Recht der Ebenbürtigkeit, Göhrum, die strenge Observanz vertraten; neben ihnen Namen wie Gerber, Kohler, Beseler, Zachariä; dagegen vertreten Moser, Runde, Heffter, Klüber und noch weitergehend Bluntschli, Zöpfl, Mittermaier die laxe Observanz, der auch das Reichsgericht beigreteten ist (s. Entsch. 32, 149 ff.; 18, 198 ff.). Es war nur erforderlich, daß der Beweis einer solchen „laxen Observanz" für das Haus erbracht wurde; dann war die dieser „laxen Observanz" gemäß abgeschlossene Ehe ebenbürtig und hatte alle die gewaltigen Rechtsfolgen in staatsrechtlicher und vermögensrechtlicher Hinsicht, die der vollgültigen Ehe zukamen — bis hinauf zur Thronbesteigung! — der „unebenbürtigen" dagegen rettungslos verweigert wurden. „Alle solche Ebenbürtigkeitsstreite fallen weg, wenn ein standesherrliches Haus die Ebenbürtigkeit als Mitgliedervoraussetzung aufhebt," sagt Rehm II S. 246 zutreffend. Dasselbe muß aber gelten, wenn in einem durch die Landesgesetzgebung dem Hohen Adel gleichgestellten Hause der Grundsatz der Ebenbürtigkeit niemals anerkanntes Recht war. Und eine Gesetzgebung, die mit besonderer Eindringlichkeit und Sorgfalt die Rechtsverhältnisse des Hohen Adels behandelte, die bayerische, streicht für die Ehen im Königlichen Hause das Erfordernis der Ebenbürtigkeit ganz, nicht etwa, um es zu beseitigen, sondern um der Rechtsverwirrung ein Ende zu machen durch das einfache und sichere Mittel der Einwilligung des regierenden Herrn als Nachweis der Ebenbürtigkeit (Fam.-Stat. II § 1, als Verfassungsrecht geltend).

Zahllose Prozesse sind seit Jahrhunderten bis in die letzten Tage über diese Ebenbürtigkeitsfragen geführt worden und die deutschen Gerichte in ihrer mühevollen Genauigkeit und ihrer peinlich gewissenhaften Rechtsfindung waren dabei vielfach geradezu in den Dienst einer Rechtsprechung gestellt, die kaum mehr einen gesunden Sinn haben konnte.

Was nun im besonderen das Herzogliche Haus Croy angeht

so bestehen für dieses Haus autonome Rechtsvorschriften über die Eheschließung nicht. Entsprechend der hohen Stellung, die das Haus Croy innerhalb des alten europäischen Adels einnahm, waren die Ehen des Hauses regelmäßig Ehen mit anderen Angehörigen des hohen europäischen Adels und diese ehelichen Verbindungen reichten bis in die regierenden Häuser Europas; das Haus Croy wurde im Sinne der Standesgleichheit als „ebenbürtig" selbst von den regierenden Familien Europas betrachtet und wird dies auf der Grundlage der alten spanischen und französischen Urkunden über die rechtliche Stellung des Hauses auch heute noch, ja nach der Geschichte des Hauses darf dies einfach als selbstverständlich bezeichnet werden.

Dem Hohen Adel des alten Reiches aber hat, wie oben festgestellt, das Herzogliche Haus Croy niemals angehört. Die Grundsätze des alten Reichsrechtes über die Ebenbürtigkeit galten demgemäß für das Haus Croy überhaupt nicht, nicht vor 1803, weil das Haus weder Landeshoheit noch Reichsstandschaft, noch von 1803 bis zum Untergang des Reiches, weil das Haus zwar Landeshoheit, aber keine Reichsstandschaft besaß. Bis zum Untergang des Reiches war demnach für das Herzogliche Haus Croy das Recht des alten Hohen Reichsadels, das sog. Privatfürstenrecht, einschließlich des Ebenbürtigkeitsrechtes, nicht in Kraft getreten.

Die Wiener Kongreßakte und auf ihrer Grundlage die preußische Gesetzgebung haben weiterhin das Haus Croy den Familien des alten Hohen Reichsadels gleichgestellt und ebenso tut dies die Gesetzgebung des neuen Reiches in Art. 58 EG. BGB. Die maßgebende preußische Vorschrift garantiert die Rechte des Hohen Adels und der ihm gleichgestellten Familien dahin: daß ihnen die bisherigen Rechte „verbleiben". Dies schloß für die Häuser des reichsrechtlichen Hohen Adels das Recht der Ebenbürtigkeit ein, allerdings in derjenigen grenzenlosen Verwirrung, in die dies Rechtsverhältnis in den letzten Zeiten des alten Reiches geraten war. Aber darüber kann ein Zweifel nicht bestehen, daß für die Häuser des Hohen Adels, die das Recht der Ebenbürtigkeit beim Untergang des alten Reiches hatten, dieses Recht als ein ihnen „verbleibendes“ durch Bundesakte und Landesrecht gewährleistet war. Fraglich war für diese Familien niemals das Prinzip als solches, sondern nur, ob dessen „strenge“ oder eine irgendwie geartete „laxe Observanz“ galt. Aber das Recht der Ebenbürtigkeit sollte „verbleiben“; „verliehen“ wurde es nicht, „namentlich nicht solchen Familien, denen es früher nicht zustand“ und „verliehen“ konnte es nicht werden.

Wie aber war die Rechtslage für das Herzogliche Haus Croy? Die spanisch-französische Rechtsgrundlage dieses Hauses enthält das Ebenbürtigkeitsprinzip nicht, da die Ebenbürtigkeit diesen Rechten völlig fremd und ausschließlich eine Rechtsgestaltung des alten deutschen Reichsstaatsrechtes für den Hohen Adel dieses Reiches ist. „Dieses sonderbare dinglich-persönliche Verhältnis war nun in ganz Europa nur dem deutschen Rechte eigen“ (Vollgraff S. 554), es „beruhte lediglich auf einer germanischen Opinion“ (Gönner, Staatsrecht § 68). Dem Hohen Adel des alten Reiches gehörte das Haus Croy nicht an, es trat somit bis zum Untergange des alten Reiches nicht an sich und präsumtiv in das Ebenbürtigkeitsrecht des alten Reichsstaatsrechtes ein (v. Dungern S. 14, 40 leugnet ein solches für die spätere Reichszeit überhaupt und anerkennt als einzige Rechtsquelle die Autonomie, Zöpfl II § 308, IX erklärt es als „ganz verkehrt und unlogisch“, anzunehmen, daß sich die Grundsätze der strengen Ebenbürtigkeit in einer standesherrlichen Familie von selbst verstehen). Die Gleichstellung des Hauses Croy mit den Häusern des Hohen Adels des alten Reichsstaatsrechtes, wie sie durch Bundesakte und preußisches Landesrecht erfolgte, konnte aber jedenfalls nicht ohne weiteres die Rechtsfolge haben, daß damit das Ebenbürtigkeitsrecht ipso jure auf das Haus Croy ausgedehnt worden wäre. Die Ebenbürtigkeit ist ein Rechtsinstitut des alten Reichsstaatsrechtes; man mag behaupten, daß das alte Reichsrecht für bestimmte Familien eine Ebenbürtigkeit außerhalb des Rahmens des alten Hohen Reichsadels durch „Gleichstellung" hätte schaffen können — tatsächlich ist auch dies niemals geschehen —; aber Bundesakte und preußisches Landesrecht hatten jedenfalls nicht die juristische Möglichkeit, eine Ebenbürtigkeit zu schaffen, wo eine solche nicht vorhanden war; unbedingte rechtliche Voraussetzung der Ebenbürtigkeit war immer die Rechtsgrundlage des alten Reiches und Reichsrechtes; mit dessen Untergang war der Rechtskreis der Ebenbürtigkeit für alle Zeiten abgeschlossen und keiner Erweiterung durch Landesrecht fähig. Es hat auch niemals das Landesrecht eines deutschen Einzelstaates eine Ebenbürtigkeit zu schaffen sich die rechtliche Zuständigkeit beigelegt. Sehr zutreffend sagt Bornhak I S. 356: „Die Mediatisierten genießen, ganz abgesehen von der Sonderstellung, die ihnen die inländische Gesetzgebung einräumt, eine solche auch nach dem Rechte anderer Staaten lediglich auf Grund ihres hohen Adelsstandes. Diese über das Inland hinaus ihre Wirkung äußernde Sonderstellung würde die Gesetzgebung des Inlandes niemandem gewähren können, weil sie den hohen Adel nicht zu verleihen imstande ist, als dessen Folge jene Sonderstellung erscheint." In gleicher Weise spricht sich Goldschmidt S. 78 ff. über die grundsätzlichen Fragen aus und stellt das Ergebnis fest: daß die Landesgesetzgebung unmöglich imstande war, Hohen Adel und Ebenbürtigkeit zu „verleihen".

Nur ein Weg war hiefür kraft der durch Bundesakte, Landesrecht und heutiges Reichsrecht dem Hause Croy gewährleisteten Gleichstellung mit dem Hohen Adel möglich, der Weg einer autonomen Satzung. (Über die Familien-Autonomie des Hohen Adels ist eine reiche ältere und neuere Literatur vorhanden, s. Heffter S. 81 ff., Kohler S. 86 ff., Zöpfl II § 311 ff., Dresch 166 ff., Klüber II § 234, die Monographien von Oertmann, Loening, Scholly, ferner RG. Ziv. S. 26, 155 ff. bes. 161).

Auf dem Wege autonomer Satzung hätte auch für das Haus Croy die Ebenbürtigkeit als familienrechtlicher Grundsatz eingeführt werden können. Eine autonome Satzung dieses

Inhalts hätte aber nicht allgemeine Wirkung für alle Häuser des Hohen Adels haben können, sondern ihre Wirkung hätte nur als auf das Rechtsgebiet des preußischen Rechtes beschränkt aufgefaßt werden müssen, denn die Autonomie des Hauses Croy war nicht die alte reichsrechtliche, durch die Bundesakte anerkannte, sondern eine durch das preußische Recht neu geschaffene und nur auf das preußische Rechtsgebiet beschränkte. Einer Untersuchung dieser Frage bedarf es jedoch nicht, denn eine autonome Rechtssatzung auf Einführung der Ebenbürtigkeit im Hause Croy ist niemals ergangen (s. zum folgenden jetzt besonders Kekulé von Stradonitz, S. 23—37).

Sowohl die älteren Urkunden des Hauses als die neueren Satzungen sprechen stets nur von gesetzlicher, rechtmäßiger Ehe; „die Diplome von 1677 und 1788", dies betont auch das Oberlandesgericht Hamm in dem Urteil vom 27. Juni 1908, „stellen unstreitig keine besonderen Ebenbürtigkeitserfordernisse auf"; ausgeschlossen von dem Familienverbande und dessen Rechten bleiben nur uneheliche Kinder, niemals aber wird das rechtliche Erfordernis der Ebenbürtigkeit erwähnt. Ganz besonders muß hier hingewiesen werden auf die hausrechtlichen Bestimmungen von 1803 und 1806, sowie auf die Fideikommißstiftung von 1860. Sollte das Ebenbürtigkeitsprinzip die Grundlage des Croy'schen Familienrechtes bilden, so hätte dies in den angegebenen Satzungen des Hausrechtes ausgesprochen werden müssen; und selbst wenn man das Ebenbürtigkeitsprinzip als für das Haus ipso jure geltend angenommen hätte, wäre doch gewiß aller Grund vorhanden gewesen, dies in jenen Urkunden zum Ausdruck zu bringen insbesondre da das die Verhältnisse des Hauses bis 1803 beherrschende Recht, das französisch-spanische, die Ebenbürtigkeit nicht kennt.

Nichts der Art ist geschehen. Als durch die Rastatter Reichsdeputation im Jahre 1803 dem Herzog von Croy die Herrschaft Dülmen zugesprochen worden war, wurde durch den

Herzog Anna Emanuel von Croy mit Erlaß vom 22. Oktober 1803 das Prinzip der Erstgeburtsfolge als ein im Croy'schen Hausrecht anerkannter Rechtsgrundsatz feierlich ausgesprochen und verkündet; die Erstgeburt wird näher dahin bestimmt: positiv, daß ihre Grundlage eine rechtmäßige Ehe sein müsse, negativ daß uneheliche Kinder von der Nachfolge in die Herrschaft Dülmen ausgeschlossen seien und daß und unter welchen Voraussetzungen weibliche Nachfolge stattzufinden habe. Von Ebenbürtigkeit aber ist mit keinem Wort die Rede. Genau den gleichen Rechtsinhalt hat der Erlaß des Herzogs August Philipp vom 2. Februar 1806.

Daß aber das Herzogliche Haus Croy durch die Anerkennug des Grundsatzes der Erstgeburt „sich den Grundsätzen des Privatfürstenrechtes geflissentlich unterstellte", wie das Oberlandesgericht Hamm in dem Urteile vom 27. Juni 1908 annimmt, ist durchaus unzutreffend: einzig und allein von der Erstgeburt sprechen die Erlasse von 1803 und 1806; nicht mit einem Worte ist von anderen Dingen die Rede und es muß geradezu als undenkbar bezeichnet werden, daß in diesen Erlassen, die die wichtigste Frage des Hauses, die Nachfolge in das Familiengut, behandeln, die Ebenbürtigkeit, diese Quelle zahlloser und endloser Streitigkeiten, unerwähnt geblieben wäre, wenn man sie als Croy'sches Hausrecht betrachtet hätte. Nicht „ausgeschlossen" hätte, wie das Oberlandesgericht Hamm annimmt, die Ebenbürtigkeit werden müssen, wenn man sie nicht anerkennen wollte, sondern ausgesprochen hätte sie werden müssen, wenn man sie anerkennen wollte, da sie der ganzen bisherigen Entwicklung des Croy'schen Hausrechtes fremd war.

Und ebensowenig ist in der landesherrlich bestätigten Fideikommiß-Stiftungsurkunde vom 10. Februar 1860 irgendein Wort von oder ein Hinweis auf Ebenbürtigkeit zu finden; also auch unter der Herrschaft des preußischen Rechtes weiß das Croysche Hausrecht nichts von Ebenbürtigkeit.

Es wird in der Verordnung von 1803 bestimmt: „Da zur besseren Aufrechterhaltung der regierenden Familien schier alle Fürsten Deutschlands die Primogenitur in ihren Staaten eingeführt haben, so soll selbe von nun an auch in Rücksicht des Landes Dülmen statthaben"; den Nachgeborenen soll eine Apanage bezahlt werden und Streitigkeiten hierüber schiedsrichterlichen Austrag finden, um „weitläufige und kostbare Prozesse" „zum Ruin des regierenden Hauses und der Familie" zu vermeiden; weiter wird die Nachfolge der Nachgeborenen nach Aussterben des Zweiges des Erstgeborenen geordnet.

Von irgendwelchen besonderen rechtlichen Voraussetzungen der Ehen des Hauses ist in dieser Verordnung überhaupt nicht die Rede.

Die Verordnung von 1806 bestätigt die Primogenitur-Ordnung von 1803 „als ein ewiges Familiengesetz"; von besonderen Rechtsvoraussetzungen der Ehe spricht auch sie nicht.

Dagegen enthält allerdings die landesherrlich bestätigte Fideikommiß-Stiftungsurkunde vom 10. Februar 1860 eherechtliche Vorschriften. Sie bestätigt zuerst die Verordnungen von 1803 und 1806 über die Primogenitur, die hier als „von altersher in meiner Familie bestandene Sukzessionsordnung" bezeichnet wird und verfügt dann unter Berufung auf die Vorschriften der Bundes-, der Wiener Kongreßakte und der preußischen Gesetzgebung über die Standesherren die fideikommissarische Bindung der in Preußen (Pommern und Westfalen) gelegenen Besitzungen und Vermögensstücke des Hauses, die in § 1 aufgeführt werden; § 4 regelt sodann genau das Erstgeburtsrecht und gibt Vorschriften über eventuelle Nachfolge des Weibsstammes nach Erlöschen des Mannsstammes; der sehr ausführliche § 4 schließt mit dem Satze: „Uneheliche Kinder sollen von der Sukzession in das Fideikommiß gänzlich ausgeschlossen sein und auch keinen Anspruch auf die Apanage haben" (zu vergleichen die Ausführungen in dem Rechtsgutachten von Kekulé von Stradonitz S. 29 ff., denen ich mich völlig anschließe). § 5 bestimmt über etwa erforderlich werdende Vormundschaften und verfügt, daß, falls diese Vorschriften nicht angewendet werden können, die Vormundschaft, also lediglich diese, eingerichtet werden solle nach den Vorschriften, die für die vormals reichsunmittelbaren Häuser des Bezirkes Münster gelten.

Von den „weiblichen Mitgliedern des Hauses" ist an verschiedenen Stellen der Urkunde die Rede, nämlich in § 1 X (Wittum, Apanagen und Sustentationsrenten), § 4 (eventuelle weibliche Nachfolge), § 5 (Vormundschaft auch über weibliche Mitglieder), § 14 (Wittum, Sustentationsgelder, Aussteuer, Brautschatz, — auf solche „können nur die Witwe und die Geschwister des Chefs des Hauses Anspruch machen"), § 15 (nähere Festsetzung von Wittum und Sustentationsrenten der weiblichen Mitglieder); insbesondere in § 4, der weibliche Nachfolge zuläßt, ist in keiner Weise Ebenbürtigkeit als Voraussetzung einer hausgesetzlich vollgültigen Ehe gefordert.

So reichlicher Anlaß also an verschiedenen Stellen dieser Urkunde gewesen wäre, die Rechtsfrage der Ebenbürtigkeit zu behandeln und wäre es auch nur, um die allgemein bekannten endlosen und unzähligen Streitigkeiten über diese quaestio diabolica auszuschließen, so ist dies doch an keiner Stelle geschehen. Dies kann nur dahin verstanden werden, daß man im Hause Croy angesichts seiner spanisch-französischen Rechtsgrundlage und seiner annoch bestehenden Verzweigungen außerhalb Deutschlands die Ebenbürtigkeitsgrundsätze des deutschen Hohen Adels als auf das Haus Croy nicht anwendbar erachtete. Hätte man diese Grundsätze als für das Haus geltend angesehen, so wäre dies sicherlich in irgendwelcher Weise ausgesprochen worden; wollte man die Ebenbürtigkeitsgrundsätze durch autonomische Satzung für das Haus einführen, was für das Geltungsgebiet des preußischen Rechtes möglich gewesen wäre, so hätte dies durch eine ausdrückliche Vorschrift angeordnet werden müssen.

Nichts dergleichen ist geschehen.

Daß die alten Urkunden des Hauses von Ebenbürtigkeit nichts wissen, haben auch die deutschen Gerichte, das Oberlandesgericht Hamm und das Reichsgericht, anerkannt und demgemäß dahin entschieden, daß die Führung des Titels Prinz von Croy, der auf spanisch-französischen Rechtstiteln beruhe, von Ebenbürtigkeitserfordernissen gänzlich unabhängig sei; nur für die Standesherrschaft Dülmen und ihren Besitz gelte das Erfordernis der Ebenbürtigkeit, da durch deren Verleihung der mit ihr entschädigte Zweig des Hauses Croy in den deutschen Hohen Adel eingetreten sei, für welchen Privatfürstenrecht und Ebenbürtigkeit ipso jure gälten. Daß aber auch durch den Erwerb von Dülmen das Haus Croy nicht in den deutschen Hohen Adel eingetreten ist, wurde oben nachgewiesen.

Ebensowenig aber wie von Ebenbürtigkeit kraft Autonomie kann von Ebenbürtigkeit kraft Observanz im Hause Croy die Rede sein. Gewiß ist es richtig, daß die Ehen des Hauses Croy in den meisten Fällen mit Angehörigen von Häusern des hohen europäischen, einschließlich des deutschen hohen Adels, eingegangen wurden. Dies beruhte aber lediglich auf tatsächlichen Verhältnissen, nicht auf anerkannter Rechtsnotwendigkeit. Auch für die Observanz gelten die oben gegebenen Darlegungen über Autonomie im vollen Umfange. Bis zum Untergange des alten Reiches konnte sich im Hause Croy eine Observanz im Sinne des alten Reichsstaatsrechtes nicht bilden, da das Haus nicht „Reichsstand" war. Späterhin beruhte die Rechtsstellung des Hauses lediglich auf preußischem Recht; eine Observanz im Rechtssinne war in dieser Zeit zwar möglich, aber nur in Beschränkung auf das Preußische Rechtsgebiet, demnach unmöglich für das Prinzip der Ebenbürtigkeit, das weit über die Grenzen des preußischen Rechtsgebietes hinausreicht. Die Frage, ob die anderweitigen Voraussetzungen für Bildung einer Observanz, insbesondere die hiefür erforderliche Zeit, erfüllt sein würden, bedarf unter diesen Umständen keiner weiteren Erörterung.

Ebensowenig wie durch Autonomie hat das Ebenbürtigkeisprinzip durch Observanz für das Haus Croy rechtliche Anerkennung als zwingendes Recht des Hauses gefunden.

Weder bei Aufrichtung der Croy'schen Herrschaft über das Gebiet Dülmen noch späterhin unter der Herrschaft des preußischen Rechtes ist das Ebenbürtigkeitsprinzip Bestandteil des Croy'schen Hausrechtes geworden. In eingehender Prüfung der Eheschließungen im Croy'schen Hause hat jetzt Kekulé von Stradonitz S. 32—40 nachgewiesen, daß weder vor noch nach dem Jahre 1803 das Ebenbürtigkeitsprinzip für das Haus galt, daß vielmehr eine ganze Reihe von Ehen diesem Prinzipe direkt zuwiderliefen; diese genealogischen Feststellungen erscheinen als absolut zwingend und sind der wertvollste Teil der einschlägigen Kekulé'schen Arbeiten.

Das Ebenbürtigkeitsprinzip des alten Reichsstaatsrechtes, wie es durch Bundesakte, preußisches Landesrecht und Artikel 58 E.G. BGB. dem heutigen deutschen Rechte einverleibt ist, gilt demgemäß für das Herzogliche Haus Croy nicht.

Die Frage der Ebenbürtigkeit behandelt Rehm III, S. 17—30. Er stellt an die Spitze dieser Untersuchung den Satz, das Haus Croy habe zwar das Recht der Ebenbürtigkeit aber nicht die Pflicht der Ebenbürtigkeit. Wir sehen davon ab, wie bedenklich unter allen Umständen ein derartiger Rechtssatz ist, der ein hochbedeutsames Recht gibt, aber die diesem Rechte notwendig entsprechende Pflicht verneint; daß die Rechtsgemeinschaft des Hohen Adels sich Mitglieder, die nur Rechte aber keine Pflichten haben, verbitten müßte, liegt klar auf der Hand. Rehm folgert das Recht aus der Mitgliedschaft zum Hohen Adel, die dem Hause 1815 durch die Bundesakte zuerteilt worden sei, und durch welche das deutsche Privatfürstenrecht, einschließlich der Ebenbürtigkeit auch für das Haus Croy in Kraft getreten sei, insoweit es nicht durch autonomes Haussonderrecht abgeändert sei. Solches autonomes Haussonderrecht bestehe aber für das Haus Croy dahin, daß keine Pflicht der Ebenbürtigkeit gelte.

Nach den oben gegebenen Darlegungen kann diesen Rehm'schen Ausführungen nicht beigetreten werden, insoweit sie sich auf das Recht der Ebenbürtigkeit beziehen. Dagegen sind sie durchaus zutreffend, soweit sie die Pflicht der Ebenbürtigkeit betreffen, nur mit der Maßgabe, daß die von Rehm gegebene treffliche Darlegung für die Ebenbürtigkeit überhaupt, in jeder Beziehung, nach Recht und Pflicht in gleicher Weise, gilt. Wie oben ausgeführt, ist das Haus Croy auch durch die Bundesakte nicht in den Stand des Hohen Adels im Sinne des alten Reichsstaatsrechtes eingetreten, das Privatfürstenrecht einschließlich der Ebenbürtigkeit ist demnach nicht ipso jure für das Haus Croy in Kraft getreten.

Das Croy'sche Hausrecht aber, das kraft des Autonomierechtes die Ebenbürtigkeit hätte einführen können, hat dies nicht getan, weiß überhaupt von Ebenbürtigkeit, die dem Hause nach seinem spanisch-französischen Entwicklungsgange völlig fremd war, gar nichts. Dies führt Rehm in vortrefflicher Weise im einzelnen aus und kommt damit unanfechtbar zu dem Ergebnis, daß keine Pflicht der Ebenbürtigkeit — nach unserer Auffassung überhaupt keinerlei Ebenbürtigkeitsprinzip — im Hause Croy gilt.

VII.

Das deutsche Reichsgericht hat mehrfach Veranlassung gehabt, sich mit dem Familienrecht des Hauses Croy zu beschäftigen; es hat sich in den einschlägigen Erkenntnissen stets auf den Standpunkt gestellt: daß das Haus Croy als ehemals reichsständisches Haus dem deutschen Hohen Adel angehöre, daß demgemäß für das Haus das Privatfürstenrecht gelte und daß ein integrierender Bestandteil des Privatfürstenrechtes die Ebenbürtigkeit nach Rechten und Pflichten sei.

Insbesondere hat das Reichsgericht diesen Rechtsstandpunkt eingenommen in der letzten das Haus Croy betreffenden Entscheidung vom 20. Juni 1907 (Privatdruck), nachdem schon vorher in der Entscheidung vom 20. September 1888 (Entsch. 22, S. 247) dieser Rechtsstandpunkt reichsgerichtlich festgestellt worden war. Der merkwürdige Rechtsstreit, der mit der Entscheidung vom 20. Juni 1907 seinen Abschluß fand, ist eingehend gewürdigt von Kekulé von Stradonitz S. 3—8. Er war veranlaßt durch die von einem Mitgliede des Hauses Croy am 12. Juni 1875 in London abgeschlossene Ehe mit Marie Parnell, einer zweifellos dem einfachen Bürgerstande angehörigen Dame. Über 25 Jahre war diese Ehe unangefochten geblieben, auch der geborenen Parnell jederzeit ebenso wie ihren Kindern der Titel von Prinzen und Prinzessin Croy im amtlichen und persönlichen Verkehre des Hauses beigelegt worden, erst im Jahre 1902 erhob das damalige Familienoberhaupt der Herzog Karl von Croy-Dülmen († 28. Sept. 1906), Klage dahin, daß die aus dieser Ehe hervorgegangenen Söhne als aus einer nicht ebenbürtigen Ehe entsprossen dem Hause Croy überhaupt nicht angehören und kein Anrecht auf Namen, Titel, Wappen und Güter des Hauses haben.

Das Landgericht Münster hat in einem ausgezeichneten Urteile vom 12. Dezember 1903 nach sorgfältiger Prüfung der Hausgeschichte und des Hausrechtes die Klage abgewiesen; das Haus Croy sei niemals reichsständisch gewesen, gehöre demgemäß dem Deutschen Hohen Adel nicht an, folglich seien auch die Ebenbürtigkeitsgrundsätze des Privatfürstenrechtes nicht für die Ehen des Hauses maßgebend. Dieses Urteil wurde vom Oberlandesgericht Hamm unterm 7. Oktober 1905 aufgehoben und nach mehrfachen Zwischen-Enscheidungen fand der Rechtsstreit sein Ende auf Grund rechtlicher Festellungen des Reichsgerichtes, die sich — die Einzelheiten der Entwicklung des Rechtsstreites dürfen unerörtert bleiben — dahin zusammenfassen lassen: 1. Die Rechtsgrundlage des Hauses für Namen, Titel, Wappen bilden spanische und französische Rechtsdokumente, demgemäß — so muß gefolgert werden — ist für Namen, Titel und Wappen des Hauses das Rechtserfordernis ebenbürtiger Ehe nicht Voraussetzung. 2. Durch den Erwerb der Landeshoheit über Dülmen ist aber das Haus Croy, indem es die Landeshoheit erwarb, in den Deutschen Hohen Adel eingetreten und dies hat seine Anerkennung durch die Wiener Kongreß- und die deutsche Bundesakte, sowie durch die preußische Gesetzgebung gefunden; demgemäß ist das Haus Croy-Dülmen standesherrliches Haus und steht als solches unter den Rechtsgrundsätzen des deutschen Privatfürstenrechtes; für das Haus Croy-Dülmen gelten somit in vollem Umfange die Ebenbürtigkeitsgrundsätze des deutschen Privatfürstenrechtes in jeder Beziehung, insonderheit für die Nachfolge in die Standesherrschaft und das Familienfideikommiß. In der Enscheidung vom 20. Juni 1907, die nicht in die amtliche Sammlung der Entscheidungen aufgenommen ist, wird das Haus Croy dem Hohen Adel zugerechnet und dazu bemerkt: es sei allerdings richtig, daß die Reichsstandschaft rechtliches Erfordernis des Hohen Adels sei, aber, wenn auch das Haus Croy die Reichsstandschaft nicht besessen habe, so „schließt das nicht aus, daß der Herzog von Croy, der die Würde eines Fürsten des Heiligen Römischen Reiches in Anspruch nahm und im Besitze einer reichsunmittelbaren Herrschaft sich befand, für die ihm Sitz und Stimme im Reichstag gewährt werden sollte, mit seiner Familie vor Auflösung des Reiches zum Hohen Adel sich zählte und vom Hohen Adel als ebenbürtig angesehen wurde“. Als eine ausreichende Begründung der Behauptung, daß das Haus Croy dem Hohen Adel des alten Reiches angehört habe, wird man diese Sätze unmöglich gelten lassen können. Daß dem Hause Croy „Sitz und Stimme im Reichstag gewährt werden sollte“, ist in dieser Fassung nicht richtig; über einen Antrag ist diese Sache nie hinausgekommen, über den Antrag wurde aber nie entschieden und Heffter S. 341 verneint ausdrücklich, daß dem Hause Croy Sitz und Stimme auf dem Reichstage „zugesichert“ worden sei. Daß das Haus Croy zum Hohen Adel des alten Reiches „sich zählte“ und von diesem Hohen Adel „als ebenbürtig angesehen wurde“, bedarf jedenfalls erst eines genaueren Nachweises, der bis jetzt keineswegs in ausreichender Weise erbracht ist; aber auch wenn man diese Behauptungen des Reichsgerichtes als richtig zugibt, so ist doch in dem „sich zählte“ und „angesehen wurde“ keineswegs der Beweis erbracht, daß das Haus Croy dem Hohen Adel des alten Reiches angehörte. Darauf allein aber kann es rechtlich ankommen; es muß der Beweis erbracht werden, daß das Haus Croy dem Hohen Adel des alten Reiches angehörte; dieser Beweis aber kann mangels der Reichsstandschaft des Hauses nicht geführt werden.

Im übrigen hat das Reichsgericht durch seine Entscheidungen vom 20. Juni 1907 und vom 24. Juni 1909 anerkannt, daß die Rechtsgrundlage des Hauses Croy, daß insbesondere der Name und Herzogstitel dem spanisch-französischen Rechte angehöre, das keine Ebenbürtigkeit kenne; daß demgemäß Angehörige des Hauses, die aus der Ehe mit einer bürgerlichen Frau stammen, den Namen Croy und den Prinzentitel zu führen berechtigt sind; nur für denjenigen Zweig des Hauses, der die „Standesherrschaft" Dülmen erhalten habe, gelte das Recht des Hohen Adels und damit das Ebenbürtigkeitsprinzip; demgemäß seien die aus der Ehe eines Gliedes des Hauses Croy mit Marie Parnell im Jahre 1875 — in London — abgeschlossenen Ehe hervorgegangenen Söhne zwar berechtigt, sich Prinzen von Croy, aber nicht von Croy-Dülmen zu nennen, und nicht berechtigt zur Nachfolge in das Dülmensche Familienfideikommiß. Was also zuerst als Recht für „das Haus Croy" ausgesprochen wurde, wird weiterhin eingeschränkt auf denjenigen Zweig des Hauses, der durch den Reichsdeputationshauptschluß von 1803 die Herrschaft Dülmen erhalten hat; was zuerst auf das alte Reichsstaatsrecht begründet wurde, wird weiterhin aus dem Erwerb der Standesherrschaft Dülmen abgeleitet und eine Trennung des Gesamthauses vorgenommen in denjenigen Teil des Hauses, dessen Rechtsgrundlage auch heute nur das spanisch-französische Recht bilde und denjenigen Teil, für den neben der rechtlich fortdauernden Grundlage des spanisch-französischen Rechtes durch den Erwerb von Dülmen 1803 noch das Recht des alten deutschen Hochadels hinzugetreten sei. Diese rechtlichen Unklarheiten sind durch die Rechtsprechung des Reichsgerichtes nicht nur nicht beseitigt, sondern noch in erheblichem Maße verstärkt worden.

Nach den nunmehr vorliegenden Untersuchungen würde das Reichsgericht eintretenden Falles sich einer erneuten Prüfung der Rechtslage des Hauses Croy nicht entziehen können. Diese Prüfung würde meines Erachtens ergeben müssen, daß der oben unter 1. angegebene Rechtssatz in vollem Umfange zutrifft. Was dagegen die unter 2. angegebenen Feststellungen betrifft, so dürften diese nicht aufrecht erhalten werden können.

Der Satz, daß das Haus Croy durch den Erwerb der Landeshoheit über Dülmen als Haus Croy-Dülmen in den Kreis des deutschen Hohen Adels eingetreten sei, entbehrt durchaus der erforderlichen rechtlichen Grundlage: durch Erwerb von

Landeshoheit allein ist die Rechtsstellung des Hohen Adels niemals erworben worden. Nach der Meinung Rehms ist dies aber geschehen durch die Wiener Kongreß- bzw. Bundesakte; ich muß dem gegenüber, wie oben dargelegt wurde, daran festhalten, daß auch die Wiener Kongreß- und die Bundesakte rechtlich nicht imstande waren, diesen Erfolg herbeizuführen; sie konnten vielmehr nur eine Gleichstellung mit dem Hohen Adel aussprechen, deren rechtliche Gestaltung aber auch erst durch das (preußische) Landesrecht und weiterhin durch das jetzige Reichsrecht — Art. 58 EG. BGB. — erfolgen konnte.

Aber auch wenn man mit Rehm annimmt, daß ein wirklicher Eintritt des Hauses Croy-Dülmen in den Rechtskreis des Hohen Adels erfolgt sei, ist damit doch nicht ohne weiteres die Geltung der reichsrechtlichen Ebenbürtigkeitsgrundsätze in ihrem vollen Umfange erwiesen. Es steht zweifellos fest, daß auf dem Wege der Autonomie oder Observanz die Ebenbürtigkeitsgrundsätze gemildert, ja ganz ausgeschlossen werden können. Eine erneute richterliche Prüfung würde demgemäß dahin erfolgen müssen, ob nicht das Croysche Hausrecht, wie dies Rehm scharfsinnig ausführt, die Ebenbürtigkeitspflicht für die Ehen des Hauses ausgeschlossen habe.

Das rechtliche Endergebnis ist dann für die Frage der Ebenbürtigkeit das gleiche, wie bei der Annahme, daß das Haus Croy auch in seiner Gestaltung als standesherrliches Haus Croy-Dülmen dem Hohen Adel mangels der Reichsstandschaft überhaupt niemals angehört habe. Jedenfalls wird bei der letzteren Annahme das immerhin bedenkliche Ergebnis, daß für das Haus Croy zwar das Recht, aber nicht die Pflicht der Ebenbürtigkeit bestehe, vermieden durch den in sich geschlossenen klaren Gedanken, daß das Haus, weil niemals reichsständisch, weder Recht noch Pflicht der Ebenbürtigkeit übernommen habe; dies allein entspricht auch der historischen Entwicklung des Hauses, die auch das Reichsgericht bis 1803 als eine spanisch-französische, demgemäß von den Ebenbürtigkeitsschranken freie, anerkannt hat.

VIII.

Ich fasse die obigen Untersuchungen in nachfolgenden Sätzen zusammen:

1. Das Haus Croy gehört in seiner älteren Entwicklung dem spanischen und französischen Rechte an. Es wurde insbesondere durch französische Rechtsakte dem höchsten Adel des alten Frankreich und damit Europas eingereiht und dies hat noch heute fortdauernde Wirkung tatsächlicher Natur. Das Ebenbürtigkeitsprinzip des deutschen Rechtes ist dem spanischen und französischen Rechte unbekannt. Frauen auch des höchsten französischen und spanischen Adels sind nach dem Ebenbürtigkeitsprinzipe des alten deutschen Reichsstaatrechtes streng genommen unebenbürtig. Einen internationalen Hohen Adel im Rechtssinne gibt es nicht.

2. Im alten Reiche erhielten wiederholt Mitglieder des Hauses Croy kaiserliche Fürstendiplome. Eine Aufnahme in den Hohen Adel des alten Reiches fand dadurch nicht statt. Die in den deutschen Fürstenstand erhobenen Zweige des Hauses Croy sind ausgestorben.

3. Durch den Reichsdeputationshauptschluß von 1803 wurde dem Herzoglichen Hause Croy die Landeshoheit über die Herrschaft Dülmen zugesprochen. Reichsstandschaft hatte das Haus Croy vor 1803 nicht und erhielt solche auch nach 1803 bis zum Untergang des Reiches nicht. Das Haus Croy ist demgemäß mangels der Reichsstandschaft in die Rechtsgemeinschaft des Hohen Adels nicht eingetreten.

4. Durch die Wiener Kongreßakte in Verbindung mit der deutschen Bundesakte und das preußische Landesrecht wurde das Haus Croy dem Hohen Adel des alten Reiches g l e i c h g e s t e l l t, ist das Haus Croy p r e u ß i s c h e s standesherrliches Haus geworden. Diese Gleichstellung konnte rechtliche Wirkungen nur insoweit haben, als die Möglichkeit der Schaffung rechtlicher Wirkungen für das preußische Landesrecht reichte. Dem Hause Croy Ebenbürtigkeit im Sinne des alten Reichsstaatsrechtes zu verleihen, war weder die Bundesakte noch das preußische Landesrecht imstande.

5. Kraft dieser Gleichstellung hatte das Haus Croy das Recht der Autonomie. Durch autonome Satzung wurde die Ebenbürtigkeit im Hause Croy niemals eingeführt; ebensowenig hat sich eine rechtliche Observanz dieses Inhaltes für das Haus gebildet, zweifellos nicht im Sinne des alten Reichsstaatsrechtes, aber auch nicht im Rahmen des preußischen Rechtes.

6. Das EGBGB. übernimmt durch Artikel 58 bezüglich der Güter und Familienverhältnisse der dem Hohen Adel gleichgestellten Familien den durch das Landesrecht geschaffenen Rechtszustand. Dieser enthielt für das Haus Croy das Ebenbürtigkeitsrecht nicht; demgemäß gilt die Ebenbürtigkeit als Bestandteil des Familienrechtes des Herzoglichen Hauses Croy auch nach Art. 58 EGBGB nicht.

Schlußwort

Nach den eindringenden Untersuchungen, die neuestens über die historisch-generalogischen, sowie über die rechtlichen Verhältnisse des Hauses Croy durchgeführt worden sind, ist die Stellung dieses Hauses im Rahmen des deutschen Rechtes jedenfalls eine höchst eigentümliche.

Die ganze, durch viele Jahrhunderte laufende Rechtsgeschichte des Hauses, sein Name, sein Herzogstitel, sein Wappen beruhen nicht auf deutscher, sondern auf spanisch-französischer Grundlage bis zum heutigen Tage. Dem spanischen und französischen Rechte ist der deutsche Ebenbürtigkeitsgedanke vollkommen unbekannt. Deutsche Verästelungen des Hauses in der alten Reichszeit waren verhältnismäßig unbedeutend und sind abgestorben. Auf der spanisch-französischen Rechtsgrundlage ist das Haus in die höchsten Höhen des europäischen Adels emporgestiegen und Töchter des Hauses sind in das österreichische Kaiser- und in das bayrische Königshaus, in die uralten Herrscherhäuser der Habsburger und Wittelsbacher, eingetreten als vollberechtigte Gemahlinnen von Mitgliedern dieser Häuser, ohne daß die Ebenbürtigkeitsfrage, soviel bekannt, auch nur aufgeworfen worden wäre. Dem althistorischen europäischen Glanze des Hauses und Namens Croy gegenüber sind die Ebenbürtigkeitsfragen des Deuschen Hohen Adels verhältnismäßig klein und unbedeutend.

Das Haus Croy-Dülmen hat seine festumgrenzte Rechtslage im Rahmen des deutschen Rechtes heute durch die preußische Gesetzgebung. Schwierigkeiten haben sich bezüglich dieser preußischen Rechtsgestaltung des Hauses bis jetzt niemals ergeben und sind schwerlich zu befürchten. Die Ebenbürtigkeitsfragen gehören nicht dem preußischen Rechte an, sondern haben einen viel weiteren rechtlichen Rahmen; in das moderne, hier preußische, Recht sind sie übergegangen als übernommener Bestandteil des alten Reichsrechtes. An dem alten Reichsrechte, hier dem Ebenbürtigkeitsrechte, hatte das Haus Croy als solches bis 1803 keinen Anteil; nur unbedeutende und abgestorbene Verzweigungen des Hauses traten vorübergehend in den Rahmen von Reich und Reichsrecht ein.

Muß es nicht unter diesen Umständen als eine Kuriosität sonderbarster Art erscheinen, für ein Haus, das bis 1803 jedenfalls nicht das Geringste von Ebenbürtigkeit wußte, heute die Geltung der Ebenbürtigkeitsgrundsätze eines Rechtskreises behaupten zu wollen, dem das Haus, so lange dieser Rechtskreis in Wirklichkeit existierte, nämlich bis zum Untergang des Reiches, niemals und in keiner Weise angehört hat?

Der historische und rechtliche Rahmen des Hauses Croy ist und bleibt der große europäische Rahmen, den ihm seine Jahrhunderte alte spanisch-französische Rechtsgeschichte gegeben hat. Darum kann es nicht im Interesse des Hauses liegen, die der großen europäischen Entwicklung des Hauses gegenüber kleinen Ebenbürtigkeitsfragen des deutschen Hohen Adels aufzurollen. Es könnte dabei wohl der Fall eintreten, daß unter Gesichtspunkten formalistischer Rechtsprechung der große historische Rahmen, der die rechtliche Stellung des Hauses umschließt, vernichtet würde durch die kleinen und verwirrten Rechtsschwierigkeiten des alten Reichsrechtes in Sachen der Ebenbürtigkeit. Der Rechtsstandpunkt des Hauses muß — dies ist ein Lebensinteresse für das altberühmte europäische Haus — in der Frage der Eheschließung derselbe bleiben, der er bis zum Jahre 1803 unzweifelhaft war und nach unserer Rechtsüberzeugung bis heute unverändert geblieben ist. Dies fordert das wohlerwogene Interesse des Hauses, das auch heute noch, wenn auch in der Rechtsgestaltung als Haus Croy-Dülmen preußisches standesherrliches Haus geworden, doch in seiner Gesamtheit sowohl nach seiner Geschichte wie nach seinen tatsächlichen Verhältnissen in erster Linie als eines der ältesten und bedeutendsten Geschlechter des europäischen Adels erscheint. Rechtsfragen der Ebenbürtigkeit aufzuwerfen, widerspricht der ganzen Geschichte des altberühmten Hauses, das Jahrhunderte lang jenes Rechtsinstitut nicht kannte; es widerspricht aber auch dem wohlerwogenen Interesse des Hauses; weil es zu schwierigsten, überaus kostspieligen und für den Glanz des Hauses bedenklichen Prozessen führen muß, die die hohe Stellung des Hauses im Rahmen des europäischen Hochadels in jedem Falle gefährden.

Titelverzeichnis der angeführten Literatur.

Anschütz, Kommentar z. Preuß. Verfassungsurkunde. Berlin 1912.
Bollmannn, Ebenbürtigkeit 1897.
Bornhak, Preußisches Staatsrecht. 3 Bände. Breslau 1911/14 2. A.
v. Dresch, Abhandlungen. München 1830.
v. Dungern, Grenzen des Fürstenrechtes. München 1900.
Eichhorn Deutsche Rechtsgeschichte. 5. A. 4 Bde. Göttingen 1844.
Fleischmann, Wörterbuch des Staats- und Verwaltungsrechts. Tübingen 1912.
Göhrum, Ebenbürtigkeit. 2 Bde. 1846.
Gönner, Handb. d. deutschen Staatrechts. Landshut 1804.
Goldschmidt, Sonderstellung der Mediatisierten in Preußen 1909.
Golther in Tübinger Zeitschr. f. d. Staatswissensch. Bd. XIV.
Hamann, Die deutschen Standesherren, Donaueschingen 1888.
Heffter, Sonderrechte d. Mediatisierten. Berlin 1871.
Heß, Einfluß des BGB. auf die Autonomie der Standesherren 1909.
Kekulé von Stradonitz, Die Ebenbürtigkeit im Herzoglichen Hause Croy. Berlin 1916.
Kohler, Privatfürstenrecht.
Klüber, Öffentl. Recht d. Deutschen Bundes. 4. A. Frankfurt 1840.
Kuhlenbeck, in Staudingers Kommentar zum BGB. Bd. VI. 7. A.
Loening, Autonomie } nicht im Buchhandel.
Loening, Mißheiraten } nicht im Buchhandel.
Maurenbrecher, Staatsrecht.
G. Meyer-Anschütz, Staatsrecht. 6. A. Leipzig 1905.
v. Meyer, Corpus Juris Confoed. Germanicae. 2 Bde. Frankfurt 1858.
Oertmann, Autonomie.
Rehm, Modernes Fürstenrecht. (Rehm I.) München 1904.
Rehm, Prädikats- u. Titelrecht. (Rehm II.) München 1911.
Rehm, Die Ebenbürtigkeitsfrage im Hause Croy (Rehm III), Straßburg 1916.
Scholly, Autonomierecht des Hohen Adels. München 1894.
Schücking in Fleischmanns Wörterbuch I, 58 ff. (Hoher Adel) I, 290 ff. (Autonomie) I, 623 ff. (Ebenbürtigkeit).

Schröder, Deutsche Rechtsgeschichte. 1889.
Schulze, Preuß. Staatsrecht. 2 Bde. 2. A. Leipzig 1888.
Tabor, in Zeitschr. f. deutsches Recht von Reyscher u. Wilda. Bd. III.
Vollgraff, Die Deutschen Standesherren. Gießen 1824.
Zachariä, Deutsches Staats- u. Bundesrecht. 2 Bde. 3. A. Göttingen 1865.
Zöpfl, Grundsätze des gem. deutschen Staatsrechts. 2 Bde. 5. A. Leipzig u. Heidelberg 1863.
Zöpfl, Die neuesten Angriffe auf die Stellung der Standesherren 2. A. Berlin 1870.

Druck von C. Schulze & Co., G. m. b. H., Gräfenhainichen

Kolibri 360 GmbH
Ferdinand-Jühlke-Straße 7
99095 Erfurt, Deutschland
produktsicherheit@kolibri360.de